놀이로 시작하는
사회정서교육

자기 이해부터
공동체 의식까지

놀이로 시작하는 사회정서 교육

황낙원 지음

학교
도서관
저널

추천하는 말

♦♦♦

최근 '사회정서'가 교육 정책 언어로 쓰이자 사회정서학습을 몇 차시짜리 교육이나, 학교 기록에 남겨야 할 귀찮은 과제로 여기는 일이 많아지는 것 같습니다. 한번 사회정서학습이라고 할 때 머릿속에 떠오르는 개념을 살펴봅시다. 중심에 아이들이 세상을 살아가는 데 필요한 5가지 역량이 있고, 그 주위를 수업과 학교, 가정, 지역 사회가 둘러싸고 있습니다. 맨 처음 사회정서학습에 아이디어를 제공한 제임스 코머 박사는, 부모로부터 살아가는 방법을 제대로 배우지 못하는 아이들에게 학교가 그런 방법을 가르치는 대체 공간이 되어야 한다고 주장했습니다. 그는 이 같은 신념에 따라 학교 교육 활동 전반을 조정했고, 선생님과 친구들, 부모 외 다른 어른들과의 관계에서 비로소 '삶의 방법'을 배운 아이들이 말썽부리기를 그만두었습니다. 이처럼 사회정서학습은 아이들이 제때 배워야 할 삶의 기술을, 제때 만나는 사람들과 관계 맺으며 배우도록 하는 것이 핵심입니다. 네모반듯한 교실, 고정된 책상에 앉아 각종 감정 이름과 감정 조절 계획을 써 내려가는 모습과는 거리가 있는 것입니다.

모두가 알다시피 요즘 학생들은 놀 시간이 부족합니다. 놀이터는 텅 비었고, 학원에 갇혀 있거나 스마트폰 속에서 혼자 보내는 시간이 늘어났습니다. 오늘날 UN 아동권리협약의 기초를 마련한, 야누시 코르차크가 남긴 인상적인 구절이 있습니다.

> "어린이는 온화함과 명랑한 웃음, 활기찬 도전과 놀라움으로 분위기를 밝히고 삶을 즐긴다. 어린이의 마음은 순수하며 밝고 사랑스러운 기쁨으로 가득 차 있다. 어린이가 하는 일은 역동적이며 결실이 있고 아름답다."
>
> Korczak, J. (2018a) *How to love a child and other selected works*, Vol. 1, Chicago: Vallentine Mitchell, p. 317.

아무래도 이런 아이들의 모습을 보고 싶어서 이 구절이 마음에 남았는지 모르겠습니다. 아이들은 친구들과 놀 때 가장 생명력 넘치는 존재가 됩니다. 친구들과 놀 때 가장 생기 있고, 가장 진지하게 몰두합니다. 제대로 놀이할 시간을 뺏긴 지금의 아이들이 나중에 어떤 어른으로 성장할지, 그것이 개인의 삶과 우리 사회에 어떤 영향을 미칠지 걱정스럽습니다. 그래서 황낙원 선생님의 책이 반갑습니다. 사회정서학습은 본래 사람들이 관계를 맺게 하는 교육이며, 다른 사람과 직접 연결되고, 부딪히고, 다시 어울리며 배워야 한다는 교육의 본질을 담고 있습니다. 이 책을 읽으며, 힘을 합쳐 놀이 속 문제를 해결하느라 한껏 들뜬 아이들의 모습이 그려졌습니다. 우리 교육의 나아갈 방향을 늘 고민하는 선생님들께 이 책이 길잡이가 되리라 믿습니다.

김윤경
『사회정서학습 - 학교 교육으로 튼튼한 마음 가르치기』 저자

❖❖❖

AI와 디지털이 대세를 이루면서 교실이 차가워졌습니다. 학생들의 웃음소리는 잦아들고 태블릿 액정을 두드리는 소리와 정적이 교실에 맴돕니다. 하지만 교실의 공기가 삭막해질수록, 놀이는 아이들의 마음을 열고 관계를 이어 주는 가장 따뜻하고 강력한 통로가 됩니다. 이 책은 바로 이 지점을 정확

하게 짚고 있습니다.

　이 책에서 소개하는 놀이는 학생들이 무의식적으로 서로 가까워지는 계기를 만듭니다. 다양한 놀이를 하면서 아이들은 자연스럽게 감정 표현하는 법과 관계 맺는 법을 배웁니다. 배우는 동안 자신이 자신을 얼마나 모르고 있었는지, 친구의 입장을 이해한다는 게 어떤 것인지 돌아보는 기회도 생길 것입니다. 또한 친구와 책임 있는 의사결정에 참여하며 사회의 일원으로서 한 뼘 더 성장할 것입니다. 전통 놀이를 협력형 놀이로 재구성해 관계 기술을 기르는 놀이 장면은, 교육의 본질적인 지향점이 시대를 불문하고 여전히 유의미함을 알 수 있습니다. 이 책에서 무엇보다 인상적인 것은 '감정에는 정답이 하나만 있는 것이 아니다.'라는 장치를 수업 곳곳에 세워 모든 아이가 실패의 두려움 없이 안전하게 마음 성장을 시도하도록 돕는다는 점입니다.

　부디 이 책이 오늘의 교실에서 당장 쓰이고 내일의 교실로 계속 소환되는 책이 되길 바랍니다. 디지털 시대에 정서적으로 어려운 학생들이 서로 다독이고, 다시 연결되고, 꾸준히 성장할 수 있도록 많은 교실에서 읽히길 바랍니다.

김형태
경기도교육청 국제교육원 교육연구사

✦✦✦

교실에서 많은 아이들이 마음에 상처를 입습니다. 이때 필요한 것이 함께 살아가는 힘을 회복시키는 교육입니다. 상처받은 아이의 마음은 관계에서 다시 자라며, 관계의 문은 놀이로 열립니다. 놀이는 단순한 즐거움을 넘어 마음을 드러내고 정리하며 회복하게 하는 심리적 과정입니다. 아이들은 놀이 속에서 감정을 드러내고, 서로의 다름을 경험하며, 갈등과 화해의 기술을 배웁니다. 그 과정에서 마음은 단단해지고, 관계는 다시 이어집니다.

놀이 경험은 사회정서교육을 가장 자연스럽고 깊이 있게 체득하는 배움의 방식이자 사회정서역량을 강화하는 심리적 훈련입니다. 아이들은 놀이를 통해 자기 감정을 인식하고, 상황에 맞게 조절하며, 타인의 마음을 이해하고, 협력과 소통 기술을 배우며, 학습한 모든 경험을 토대로 책임 있는 선택을 내립니다. 이 모든 성장의 시작이 바로 사회정서교육이며, 성장을 실현하는 가장 자연스러운 길이 '놀이'인 것입니다.

이 책은 놀이를 통해 사회정서교육을 교실 안에 불러들이는 따뜻한 기록입니다. 놀이 한 장면 한 장면에는 아이들의 웃음과 교사의 성찰이 녹아 있습니다. 그러므로 교실을 살아 있는 배움의 장으로 회복시키고자 하는 모든 교사, 상담자, 부모에게 따뜻한 길잡이가 될 것입니다. 놀이는 아이들을 살리고, 아이들의 웃음은 교육을 살립니다. 이 책이 그 아름다운 회복의 시작이 되기를 바랍니다.

유선미
경기도교육청 기초학력지원센터 사회정서강사

❖❖❖

사회정서교육의 중요성이 강조될수록 선생님들에게는 일면 큰 부담으로 다가오기도 합니다. 교과 수업 준비도 벅찬데, 아이들의 감정과 관계까지 돌보라는 말로 들리기 때문입니다. 그래서 사회정서교육이 필요하다는 말에 공감은 하지만, 현실의 교실 앞에서는 막막해질 때가 많습니다.

이 책은 막막함에서 길을 잃은 선생님들에게 따뜻한 대안이 되어 줍니다. 여기서 소개하는 사회정서교육은 별도로 수업을 준비할 필요 없이 그저 아이들과 '함께 놀면' 충분하다는 점을 보여 주기 때문입니다. 사회정서교육은 거창한 과업이 아닙니다. 우리가 평소에 해 오던 교실 놀이 속에 감정, 대화, 관계, 성찰을 담아내기만 하면, 그것이 곧 사회정서교육입니다. 황낙원 선생님은 이런 원리를 살아 있는 경험으로 증명합니다. 선생님이 실천하고 경험했던 다양한 놀이를 차근차근 따라가다 보면 우리가 모두 꿈꾸는 '살아 있는 교육'의 숨결을 발견할 수 있을 것입니다.

이 책은 사회정서교육을 두려워하는 선생님들에게, 교사는 완벽한 심리 전문가가 아니라, 아이들 곁에서 함께 웃고 공감해 주는 사람이면 충분하다는 사실을 재확인시켜 줍니다. 놀이를 통해 아이들이 살아나고, 그 과정에서 선생님도 회복되는 사회정서교육을, 이 책으로 시작하시길 추천합니다.

현승호
(사)좋은교사운동 공동대표

들어가는 말

"놀아야 산다! 놀면 교사도 아이도 살아납니다!" 저는 오래전부터 아이들을 살리는 교육을 하고 싶었습니다. 그 마음으로 처음 교단에 섰고, 지금도 '살리는 교육'을 위해 교실 문을 엽니다. 그러던 어느 순간, 아이들을 살리는 교육이 곧 교사도 살린다는 사실을 깨달았습니다.

저는 교실에서 친구와의 갈등으로 마음이 뒤엉킨 아이, 부모와의 다툼으로 말없이 앉아 있는 아이, 하기 싫은 일을 억지로 참아내느라 잔뜩 웅크리고 있는 아이를 매일 마주합니다. 이런 모습을 보면서 저는 교육이란 아이들 곁에서 그들의 삶을 함께 견디고 살아내는 일임을 깨달았습니다.

교육은 반드시 '사람'으로부터 시작해야 하고, 그 중심에는 사회정서교육이 있습니다. 사회정서교육은 특정한 단원이나 정해진 수업 시간 속에만 존재하지 않습니다. 아이들의 일상뿐만 아니라, 순간순간 스치는 교사의 말투와 표정, 그리고 교실이라는 공동체의 흐름 속에 존재합니다.

그래서 저는 놀이를 통해 사회정서교육을 실천하고 싶었습니다. 놀이 속에서 아이들은 자신을 표현하고, 친구와 함께 문제를 해결하며, 서로 다른 마음을 조율하는 법을 누구보다 직관적이고 재미있게 배웠습니다.

이 책에는 제가 교실에서 실천해 온 '놀이 중심 사회정서교육 활동'이 담겨 있습니다. 아이들과 함께 웃고, 멈추고, 갈등하고, 다시 이어졌던 순간들을 돌아보며, 아이들과 연결된 설렘, 아이들끼리 놀며 회복한 관계의 흐름, 그리고 모든 과정에 담긴 배움을 전하고자 합니다.

이 책은 정답을 말하지 않습니다. 다만 제가 놀이와 사회정서교육을 어떻게 연결했는지, 그 접목이 아이들과의 관계를 어떻게 살려냈는지를 진술하게 나눕니다.

   이 책이 여러분의 교실에 작은 바람처럼 스며들기를 바랍니다. 놀이로 시작된 작은 움직임이 사회정서교육의 씨앗이 되고, 그 씨앗이 따뜻한 관계와 살아 있는 배움으로 자라나길 바랍니다. 그 여정에서 아이들과 함께 놀고, 웃으며 교사인 우리도 살아날 것입니다. 아이들이 웃으면 우리도 웃게 되고, 아이들이 회복하면 우리 역시 힘을 얻습니다. 저는 이런 순간들이 진짜 '살리는 교육'이라고 믿습니다.

놀아야 산다
황낙원

차례

— 추천하는 말 **004**
　들어가는 말 **009**
　프롤로그: 사회정서교육을 놀이로 하면 어떤 점이 좋을까? **015**

1장
**자기 인식:
내가 어떤
사람인지 아는
힘 기르기**

— 01 **AI와 내 감정 바로 알기** **024**
　02 **원넘버, 내 감정에 점수 매기기** **030**
　03 **스케치북에 내 마음 그려 보기** **036**
　04 **진실 혹은 거짓** **041**
　05 **릴레이 얼굴 그리기** **046**
　06 **본격 감정 추리 게임, 갈래? 말래?** **052**
　07 **친구 따라 미로 찾기** **057**
　08 **장점 선물 장터** **062**
　09 **36개 칸으로 나 찾기** **065**
　10 **약점이 강점으로, 거울카드** **070**

2장
자기 조절: 내 감정 다루는 힘 기르기

- 01 **병뚜껑 맵 설계하기** 076
- 02 **AI로 작곡하는 내 마음** 082
- 03 **멈추는 힘을 기르는 가라사대** 087
- 04 **감정 카드로 떠나는 여행** 091
- 05 **멈추면 마음이 보이는 무궁화꽃** 096
- 06 **나만의 리듬을 찾는 멈춤 타이밍** 100
- 07 **마법의 되감기 버튼** 104
- 08 **침묵의 캐치마인드** 109
- 09 **흔들려도 견뎌 내는 중심잡기** 114
- 10 **파이프를 연결해라!** 120

3장

관계 인식 및 관리: 친구를 이해하는 힘 기르기

01	둘 중에 하나, 내 취향을 맞혀 봐!	126
02	마음 업그레이드, 너도나도	132
03	듀플릭, 나랑 같은 그림 그린 거 맞아?	138
04	손잡고 나이 먹기	144
05	함께 쓰고 함께 웃는 쁘띠바크	148
06	관계를 키우는 짝놀이	153
07	마음을 잇는 징검다리	157
08	레벨업 가위바위보	162
09	협동 공기놀이	166
10	10초 릴레이 그림	170

4장

공동체 가치 인식 및 관리: 사회의 일원으로 함께 살아가는 힘 기르기

01 "나도 그래!" 공감 자리 바꾸기 — 176

02 바라면 이루어지는 좋아바 회의 — 181

03 공동체를 잇는 덕싯 — 188

04 소외 없는 레고 쌓기 — 193

05 공감 릴레이 시 쓰기 — 198

06 마음 나눔 3칸 편지 — 204

07 우리의 마음, 우리의 탑 — 209

08 응원 폭발 보드게임 — 214

09 밀고 당기는 한마음 글자 쓰기 — 219

10 어제보다 돈독한 우리의 피라미드 — 223

프롤로그:
사회정서교육을 놀이로 하면 어떤 점이 좋을까?

 매년 학기 초, 저는 아이들에게 각자 좋아하는 과자를 하나씩 가져오게 하고, 과자 파티를 엽니다. 특별한 규칙 없이 자유롭게 과자를 나눠 먹는 자리이지만, 아이들은 대부분 조용히 자기 자리에서 자기가 가져온 과자를 혼자 먹습니다. 심지어 어떤 아이들은 친구가 가까이 다가오는 것조차 불편해하며, 자기 과자를 감춰서 먹기도 합니다.
 간단한 '과자 파티 실험'을 통해 우리는 아이들이 함께 나누고, 소통하는 경험이 얼마나 부족한지 알 수 있습니다. 아이들의 이런 반응은 단순히 소심해서가 아니라, 관계 맺기 자체에 대한 낯섦과 두려움 때문에 나타나는 표현입니다. 아이들 사이에 이미 사회적 단절이 자리 잡고 있다는 증거입니다.
 이 같은 단절은 나와 타인 사이에만 작용하지 않습니다. 상호 신뢰를 잃어버린 교실에서 아이들은 점차 자기 안으로만 고립되기 시작하는데, 남과 소통하는 법을 배우지 못한 아이들이 자신과의 소통법을 알 수는 없습니다. 심화하는 고립감은 자신과 사회에 대한 시선을 부정적으로 왜곡합니다. 이것이 적절한 사회정서교육이 필요한 이유입니다.

사회정서교육, 놀이로 시작해야 하는 이유

사회정서교육은 학생들이 학령기 동안 자기조절관리 능력, 회복탄력성, 긍정성을 기르는 체계적 교육의 필요성이 커지면서 본격적으로 시작되었습니다. 이러한 요구에 따라 2024년 사회정서교육 기본형 프로그램이 개발되었고 학생맞춤통합지원 선도학교에서 먼저 적용되었습니다. 이 과정에서 정규 수업 시간에 놀이와 활동을 중심으로 한 교과 연계수업 형태로 운영되며 사회정서역량이 교과 배움 속에 자연스럽게 스며들게 하였습니다.

2025년부터는 모든 학교가 활용할 수 있도록 지원이 확대되었고, 교과 연계 프로그램, 지역 기반 체험 활동 등 대상별 맞춤형 프로그램 개발과 함께 우수사례가 발굴, 확산되며 사회정서교육은 학교 교육의 중요한 요소로 자리 잡았습니다. 교육 이론에서 말하는 사회정서교육의 다양한 요소가 있지만 핵심은 학생들 사이의 '나눔'과 '공감'이 회복되는 것입니다. '나눔과 공감의 회복'이라는 추상적인 개념은 이론으로 가르치기 어렵습니다. 여기에는 새로운 접근이 필요한데, 그것이 바로 '놀이'입니다. 놀이는 아이들의 삶 가장 가까이에 존재합니다. 당장 '수업'이라고 하면 심리적 저항이 생기고 선생님의 태도도 딱딱해지는데, '놀이'라고 하면 전체적인 분위기도 풀어지고 학생들의 마음에 아주 자연스럽게 접근할 수 있습니다. 친구들과 함께 웃고 함께 정한 규칙을 지키며, 놀이 중에 다투고 화해하는 모든 과정이 감정 표현의 장이자, 관계 맺기의 시작점이 되므로, 정서적·사회적 성장을 이루는 데 도움이 됩니다. 놀이는 단절된 관계를 다시 연결하고, 아이들의 마음을 여는 가장 자연스럽고 강력한 수단입니다.

모든 놀이가 사회정서교육으로 이어지지는 않습니다. 여기서 소개할 놀이는 감정과 관계 중심으로 구조화된 활동입니다. 감정 탐색, 자기 조절, 갈등 해결, 공동체 참여와 같은 명확한 교육적 목표를 지닌 놀이입니다. 사회정서교육형 놀이, 즉 SEL(Social Emotional Learning)형 놀이는 결과보다 과정을 더 중요하게 여깁니다. 놀이 중에 학생이 어떤 감정을 느꼈고, 어떤 갈등을 겪었으며, 그것을 어떻게 해결했는지가 핵심입니다. 따라서 교사는 활동 후 반드시 그날 활동하면서 어떤 일이 있었는지, 기분이 어땠는지 학생들과 돌아보아야 하며, 이때 이루어지는 대화에 귀 기울여야 합니다.

물론 놀이 종류에 따라 점수나 등수 규칙이 포함되기도 합니다. 이는 놀이의 몰입도를 높이고 참여 동기를 자극하는 하나의 장치일 뿐, 본질적인 목표가 승패 가르거나 순위 올리기는 아닙니다. 진짜 목적은 놀이 과정에서 건강하게 자기 감정을 표현하고, 친구와 긍정적인 관계를 형성하며, 자신을 스스로 돌아보는 데 있습니다.

놀이와 어떻게 연결해야 할까?

우리가 가장 먼저 떠올려야 할 질문은 '기존 놀이를 어떻게 바꾸면 좋을까?'입니다. 완전히 새로운 활동을 만드는 것이 아니라, 아이들에게 이미 익숙한 놀이를 SEL의 시선으로 보고, 여기에 감정, 관계, 성찰 구조를 더하는 것이 효과적입니다. SEL형 놀이를 실현할 때는 2가지 핵심을 놓치지 않아야 합니다.

· 놀이를 학생의 삶과 수업 속으로 끌어와야 한다.
· 놀이 안에 감정, 대화, 관계, 성찰의 장면이 담겨야 한다.

예를 들어, 평범한 가위바위보를 단순한 쉬는 시간 놀이로 머물게 하지 않고 교실 수업 속 '관계 회복 활동'으로 가져오면 전혀 다른 경험이 됩니다. 여기에 '이기면 박수, 지면 격려 한마디'라는 간단한 규칙을 더하면, 학생들은 서로 자연스럽게 응원과 격려의 말을 건네게 되며, 이 과정에서 감정 표현과 관계 회복이 자연스럽게 이루어집니다. 즉 수업의 한 장면 속에서 아이들의 마음이 오가는 구조가 형성됩니다. 이처럼 기존 놀이를 그대로 활용하되, 그 규칙에 감정·대화·성찰 요소를 덧붙이는 것만으로도 놀이가 SEL형 놀이로 전환될 수 있습니다.

그다음으로 가장 중요한 출발점은 '학생의 말'입니다. 교사는 학생의 생각을 추궁하는 '면접관'이 아니라 학생들이 자발적으로 입을 열게 만드는 '조력자'가 되어야 합니다. 잘 설계된 놀이는, 진행될수록 아이들이 자연스럽게 자신을 드러내게 합니다. 이때 단순한 질문보다는 구체적이고 감각적인 질문을 던질 때, 아이들의 표현이 더욱 풍부해집니다.

"오늘 기분이 어때?"처럼 막연한 질문보다는, "오늘 너의 기분은 무슨 색이야?" "친구가 그런 말을 했을 때, 너의 마음속 날씨는 어땠을까?"처럼 놀이 과정에서 던지는 구체적이고 감각적인 질문들은 아이들의 감정을 말로 형상화합니다.

교실 놀이와 SEL 놀이의 차이

일반적인 교실 놀이는 규칙을 이해하고 활동을 수행하며 재미를 느끼는 데 초점이 맞춰 있습니다. 그러나 SEL 놀이에서는 같은 활동을 하더라도 그 안에 담긴 구조와 흐름이 다릅니다.

첫째는 '대화'가 중심이 되는 놀이 구조입니다. 나와 친구가 어떻게 힘의 균형을 맞춰야 할지, 어떤 생각으로 선택지를 골랐는지, 동일한 질문에 친구의 답은 왜 그렇게 나왔는지 대화하는 과정 자체가 놀이의 본질입니다. 학생들은 이런 대화를 통해 서로의 감정을 읽고, 내 말과 행동이 친구에게 어떤 의미가 되는지를 경험하며, 자연스럽게 관계 기술을 연습합니다.

둘째는 SEL 놀이가 [나 → 너 → 우리]로 '확장'되는 흐름을 따릅니다. 처음에는 나 자신의 감정이나 생각을 드러내는 데서 출발하지만, 이어서 친구의 이야기와 모둠의 이야기가 더해지고, 결국 학급 전체의 의미로 연결됩니다. 릴레이로 이야기를 짓거나 시를 쓰는 것처럼 나의 작은 아이디어가 짝, 모둠, 학급 전체의 작품으로 이어지면서 "내가 공동체를 움직이는 사람"이라는 경험을 하게 됩니다.

셋째, 무엇보다 가장 큰 특징은 놀이 마지막 부분의 '성찰'입니다. 활동이 끝났다고 바로 정리하는 것이 아니라, 함께 놀이 과정을 돌아보는 시간이 반드시 있어야 합니다. "친구가 해 준 말 중 가장 고마웠던 말은 무엇이었을까?" "실패했을 때 우리는 어떤 방식으로 다시 조율했지?"와 같은 질문을 통해 아이들은 놀이 속에서 무심코 지나갔던 관계의 순간들을 다시 한번 떠올리게 됩니다. 이렇게 놀이 경험을 말로 정리하며 배운 협력, 배려, 조율, 격려는 자연스럽게 내면화되고 교실의 일상으로 이어집니다.

즉 SEL 놀이는 대화와 확장 구조, 그리고 성찰 단계가 삼박자로 작동하면서 '관계의 기술'을 배우는 살아 있는 교육과정입니다. 하나의 놀이로 아이들을 연결하고, 서로를 이해하게 만들며, 다시 공동체를 바라보게 만드는 이 흐름이 SEL 놀이의 본질이자 가장 큰 차별점이라고 할 수 있습니다.

SEL 수업 설계를 위한 4가지 핵심 역량

이 책은 한국형 사회정서교육에서 제시하는 4가지 핵심 역량을 바탕으로 하고 있습니다. 이는 CASEL의 5대 SEL 역량과 교육부의 6대 SEL 역량을 토대로 하되, 한국 교실의 실제 수업 맥락에 맞게 통합하고 재구성한 결과입니다.

· 자기 인식(Self-Awareness): 감정 인식과 표현, 자존감 형성

- 자기 조절(Self-Management): 감정 조절, 충동 통제, 상황 판단
- 관계 인식 및 관리(Social Awareness & Relationship Skills): 공감, 협력, 갈등 조정
- 공동체 가치 인식 및 관리(Responsible Decision-Making): 규칙 준수, 책임감, 집단 내 조화

따라서 이 책의 놀이들을 4가지 역량이 통합적으로 작동하고 길러지도록 설계하였습니다. 5대 역량에서 말하는 '책임 있는 의사결정' 영역은 네 가지 역량을 통해 자연스럽게 향상되므로 따로 분리하지 않았습니다. 6대 역량에서 말하는 '정신건강' 영역 역시 전문적 상담이 필요한 주제이므로 이 책에서는 다루지 않습니다.

놀이 소개 구성

각 놀이를 5개 부분으로 나누어 소개합니다.

① 놀이 정보

놀이 준비물과 대략적인 소개, 놀이의 핵심 아이디어를 보며, 교사가 놀이의 중점을 확인하고, 전체적인 진행을 예측도록 돕습니다. 학생들의 실제 활동 모습은 QR코드로 수록하여 생생함을 더했습니다.

② 사회정서교육 포인트 & 추천 놀이 타이밍

놀이가 어떤 SEL 역량을 어떻게 강화하는지 압축해서 소개합니다. 이어서 학기 흐름, 교과 주제, 교실 상황에 따라 놀이를 할 만한 적절한 시기를 추천하여, 다양한 학교 일정에 맞춰 놀이 활동을 배치할 수 있도록 돕습니다.

③ 놀이 방법

놀이 순서에 따라 구체적인 놀이 방법을 소개합니다. 추가로 학년 수준, 난이도에 따른 활동 또는 미술·신체·글쓰기·연극 연계 활동 등을 [풍성한 놀이를 위한 플러스α]로 제시해 교사가 필요에 따라 창의적으로 변형할 수 있도록 했습니다.

④ 유의사항

놀이 중간에 발생할 수 있는 돌발 상황에 잘 대처하고 놀이의 방향이 엉뚱한 곳으로 흘러가지 않도록 교사가 특별히 유념해야 하는 지점을 소개했습니다.

⑤ 효과적인 수업 멘트

각 놀이 마지막 부분에는 교사가 바로 활용할 수 있는 도입과 마무리 멘트를 제시했습니다. 모든 수업에서 도입과 마무리 멘트가 쓰이지만, SEL 교육에서는 언어로 이루어지는 소통이 특히 중요합니다. 놀이의 본질과 주안점을 어떻게 소개하면 좋을지 고민되는 교사에게 도움을 드리고자 수록했습니다.

1

자기 인식 :
(Self-Awareness)

내가 어떤 사람인지 아는 힘 기르기

자기 인식이란 지금 내가 어떤 감정을 느끼는지 알아차리고, 그 감정이 생긴 이유와 맥락을 이해하며, 나의 강점과 한계, 가치관과 목표를 자각하는 능력이자, 다른 모든 역량의 토대가 되는 역량입니다.

자기 인식 놀이를 통해 학생들은 자기 감정을 분석하여 정확한 언어로 표현하고, 자기 강점과 약점을 발견하는 경험을 합니다. 더 나아가 자신이 중요하게 여기는 가치와 목표를 자각하고, 이를 행동으로 옮길 동기를 형성합니다. 이렇게 강화된 자기 인식 역량은 자기 조절, 관계 인식 및 책임 있는 의사결정의 든든한 토대가 됩니다.

자기 인식 놀이와 SEL 효과 한눈에 보기

놀이 \ SEL 효과	감정 언어화 능력 향상	감정 인식의 세분화 및 강도 이해	감정 원인 분석 및 감정-행동 연결 인식	비언어적 자기표현력 강화	타인의 시선 속 자기 인식 확장	공감과 관계 기반의 자기 인식	성찰을 통한 자기 조절 확장
AI와 내 감정 바로 알기	○	○	○	○			
원넘버, 내 감정에 점수 매기기	○		○		○	○	
스케치북에 내 마음 그려 보기	○	○		○			○
진실 혹은 거짓	○				○	○	○
릴레이 얼굴 그리기		○		○	○		
본격 감정 추리 게임, 갈래? 말래?	○	○	○			○	
친구 따라 미로 찾기		○	○		○		○
장점 선물 장터	○				○	○	○
36개 칸으로 나 찾기	○	○	○				○
약점이 강점으로, 거울카드		○		○	○	○	

01
AI와 내 감정 바로 알기

준비물 활동지, 필기도구, AIFEEL 앱이 설치된 태블릿PC(교사용 1대)

놀이 정보
한눈에 보기

이 놀이는 지금 내가 느끼는 감정과 그 강도를 1~5단계로 표시하는 간단한 놀이입니다. 어떤 감정을 고를지 고민하고, 숫자로 표현하고, 그렇게 고른 이유를 생각하는 과정에서 학생들은 자신의 감정을 진지하게 성찰합니다. 선택을 완료하면 챗봇이 감정에 대한 해설을 제공하고, 감정을 건강하게 표현할 수 있는 활동을 추천해 줍니다. 이런 피드백은 학생들이 자신의 감정을 객관적으로 바라보고, 내 감정의 흐름이 어떤 행동으로 이어지는지 파악하는 데 도움을 줍니다. 또한, 활동 결과를 친구와 공유하다 보면 서로의 감정에 공감하는 대화로 확장됩니다.

◆ 사회정서교육 포인트
감정을 수치화하는 과정을 통해 학생들이 자기 감정을 정확하게 인식하도록 돕습니다. 챗봇이 제시하는 피드백과 실천 계획 작성하기 활동은 감정의 원인을 이해하고 자기 성찰을 유도하며, 자기 이해의 폭을 넓힙니다. 이는 자기 인식 역량을 구체적이고 체계적인 방향으로 강화합니다.

◆ 추천 놀이 타이밍
아침 등교 직후, 점심시간, 하교 전처럼 짧은 시간에 활용하기 좋습니다. 수업 도입부나 마무리 시간에 활용한다면, 감정을 표현하고 정리하는 방식이 좋습니다. 수업 중에 활용한다면 친구와의 감정 대화와 피드백 나눔에 집중하여 운영하면 좋습니다.

놀이 방법

1 교사는 자신의 태블릿PC나 스마트기기로 AIFEEL(https://aifeel.kr)에 접속합니다. 교사는 "오늘 하루 중 가장 기억에 남는 감정을 떠올려 볼까?"라는 질문으로 학생들이 현재 자신의 감정을 돌아볼 수 있도록 도와줍니다.

2 학생들은 화면에 제시된 [기쁘면, 신뢰한다면, 기대되면, 놀라우면, 무서우면, 혐오스러우면, 슬프면, 화나면]의 8가지 감정 중 하나를 선택하고, 감정의 강도를 1~5단계로 표시합니다. 그다음엔 자신이 해당 감정을 왜 선택했는지 생각해 보고, 챗봇이 제공하는 감정 해석과 건강한 표현을 위한 실천 방법을 활동지에 정리합니다.

3 챗봇이 제안한 실천 방법 중 자신에게 맞는 것을 골라, 감정을 건강하게 해소하기 위한 구체적인 실천 계획을 세웁니다. 예를 들어 '하루 10분 걷기' '감정 일기 쓰기' '친구에게 솔직하게 이야기하기' 등 충분히 실천할 수 있는 활동을 선택합니다.

4 활동지를 친구와 교환해 읽으면서, 친구가 적은 내용을 가지고 이야기 나눕니다. "이 감정은 어떤 상황에서 생긴 거야?" "이 실천 계획을 선택한 이유가 있어?"와 같은 질문으로 대화하며 서로의 감정에 공감하고 감정에 대한 이해를 넓힙니다.

5 모둠 활동으로 넘어가면, 롤링페이퍼 방식으로 활동지를 돌려 읽으며 각자의 감정에 댓글을 남깁니다. 댓글에는 공감, 응원, 제안, 협력의 메시지를 담습니다.

- **오늘 내가 가장 강하게 느낀 감정은?**
  기쁨 1단계
- **챗봇이 말해 준 감정 설명을 적어 보세요.**
  맛있는 음식을 먹음
- **챗봇이 추천해 준 활동을 적어 보세요.**
  취미에 몰두하기
- **오늘 나는 어떤 행동을 해 볼 수 있을까요?**
  오늘 집에서 엄마가 요리하는 거 도와드리기
- **나의 감정 다짐**
  화내지 않기

한 학생의 활동지입니다. 챗봇은 학생이 입력한 이야기를 토대로 학생이 맛있는 음식을 먹었기 때문에 1단계의 기쁨을 느꼈다고 보았습니다. 그렇지만 끝없이 더 맛있는 음식을 먹을 수는 없으니 다음 단계의 기쁨을 위해 취미에 몰두하면 좋겠다고 제안하면서, 맛있는 음식을 만들어 준 학생의 엄마를 도와드리라는 새로운 실천도 제안합니다. "화내지 않기"는 학생이 스스로 생각하는 다짐으로, 기쁨을 저해하는 요인 중에 화내는 행동이 있는 것으로 보입니다. 이럴 때는 어떤 상황일 때 화가 나는지, 함부로 화를 내지 않기 위해 어떤 실천을 하면 좋을지 추가로 이야기할 수 있습니다.

풍성한 놀이를 위한 플러스 α

- 놀이 후 1~2주가 지난 시점에, 당시 작성한 활동지를 다시 보도록 합니다. 현재와 비교해서 감정의 강도가 얼마나 변했는지, 실천 계획이 얼마나 효과적이었는지 살펴보며 자신의 감정 흐름을 되돌아보면 좋습니다.
- 초등 저학년의 경우, 손가락을 이용해 현재 감정을 1~5 사이 숫자로 표현할 수 있습니다. 또한, 손가락을 움직이는 동작과 동시에 "아침에는 1이었는데, 놀이하고 났더니 4예요."와 같이 말로 표현하도록 합니다. 초등 고학년은 활동지를 작성하는 것만으로도 충분하지만, 저학년은 신체 움직임과 직접 발화를 경험하며 감정을 인식하는 능력이 훨씬 강화됩니다.

유의사항

- 활동지를 작성할 때 학생이 집중하기 어려워한다면, 교사가 개별적으로 다가가 대화를 유도합니다.
- 짝이나 모둠별로 활동할 때는 감정 표현을 어려워하는 학생도 있으므로, 어떤 감정을 갖고 어떤 표현을 해도 괜찮다는 메시지를 반복해서 전달합니다.
- 댓글 달기 활동에서는 부적절한 댓글을 방지하기 위해 적절한 예시 문장을 미리 안내해도 좋습니다(예: 나도 이런 기분 느껴본 적 있어, 나도 이 실천 방법대로 해 보고 싶어, 용기 내서 감정 표현해 줘서 고마워).
- 활동지 공개는 자율에 맡기되, 교사가 먼저 자신의 활동지를 읽어 주면 학생들의 참여 동기를 높일 수 있습니다.

효과적인 수업 멘트

도입 오늘은 우리 마음속 감정을 알아볼 거야. 우리는 매일 기분이 좋아지기도 하고, 나빠지기도 하지. 그런데 그 감정이 왜 생겼는지, 또 어떻게 표현하면 좋을지는 잘 모를 때가 많아. 오늘은 AIFEEL이라는 AI 친구와 함께, 지금 내 마음이 어떤지 살펴보고, 그 감정을 어떻게 돌보면 좋을지도 함께 생각해 볼 거야.

마무리 오늘은 내가 느낀 감정을 골라보고, 숫자로 표현하고, 감정에 대해 친구와 이야기하면서 내 마음을 돌아봤어. 감정을 말로 표현하는 건 결국 '나'를 더 잘 이해하려는 거야. 감정은 숨겨야 하는 게 아니라, 잘 알고 돌봐 줘야 하는 거야. 오늘처럼 내 감정에 귀 기울이는 연습을 계속하다 보면, 점점 더 자신을 잘 이해하고 잘 돌보는 멋진 사람이 될 거야.

— 활동지 —

AI와 내 감정 바로 알기

· 오늘 내가 가장 강하게 느낀 감정은?
....
....

· 챗봇이 말해 준 감정 설명을 적어 보세요.
....
....

· 챗봇이 추천해 준 활동을 적어 보세요.
....
....

· 오늘 나는 어떤 행동을 해 볼 수 있을까요?
....
....

· 나의 감정 다짐
....
....

02

원넘버, 내 감정에 점수 매기기

준비물 활동지, 필기도구

이 놀이는 지금 느끼는 감정을 1부터 10까지 점수로 표현하고, 점수에 영향을 준 플러스 요인과 마이너스 요인을 단어, 그림, 문장 등으로 시각화하는 활동입니다. 단순히 점수를 적는 데서 그치지 않고, 그 숫자 뒤에 숨은 감정의 이유를 살펴보는 과정에서 학생들은 자신이 어떤 상황에 어떤 감정을 느끼는지 정확히 인식하게 됩니다. 1장 「AI와 내 감정 바로 알기」와 다른 점이 있다면, 바로 친구와 활동지를 교환하여 서로의 감정 요소에 대해 이야기 나눈다는 점입니다. 이 과정에서 활동지는 학생들이 다른 사람과 직접 대면하는 '정서적 티키타카의 매개체'가 됩니다. 평소에는 인사만 주고받던 친구들끼리도 자연스럽게 서로의 감정을 나누게 되는 놀이의 흐름은 자기 인식은 물론 공감 능력도 함께 성장시킵니다.

◆ **사회정서교육 포인트**
감정을 숫자로 표현하고, 플러스 요소와 마이너스 요소를 시각화하며 감정 자각과 원인 이해를 돕는 자기 인식 활동입니다. [점수화 → 정리 → 대화]의 흐름을 통해 감정 흐름을 명확히 인식하고, 친구와의 나눔 속에서 자기 표현과 성찰의 힘이 자라납니다.

◆ **추천 놀이 타이밍**
2022 도덕과 교육과정 성취기준 중 [4도01-01]와 [6도01-02]를 다룰 때 좋습니다. 두 성취기준 모두 '자기 이해'와 '자기 성찰'을 핵심으로 다루는데, 특히 감정을 존중하고 자기 탐구를 수행하는 태도, 자기 생활을 점검하여 자기 조절력을 기르는 태도를 기를 수 있습니다. 이 외에 학생 상담 사전 활동이나 학부모 상담 자료로 활용할 때도 유용하며, 월요일 첫 수업 또는 금요일 마지막 수업 시간에 감정을 정리하는 활동으로 효과적입니다.

놀이 방법

1. 활동지 중앙의 원 안에 지금 내 기분을 1~10 사이 숫자로 적습니다. 숫자가 높을수록 기분이 좋고, 낮을수록 기분이 좋지 않은 상태를 의미합니다.

2. 기분을 좋게 만든 경험은 활동지 위쪽(플러스 요소)에, 기분을 나쁘게 만든 경험은 아래쪽(마이너스 요소)에 적습니다. 단어, 문장, 그림 등 자신이 편한 방식으로 자유롭게 표현하도록 안내합니다.

3. 친구와 활동지를 교환하고, 가위바위보로 먼저 질문할 사람을 정합니다. 이긴 친구는 상대 활동지에서 가장 궁금한 부분(왜 이 단어를 플러스 요소로 썼는지, 왜 감정 점수를 이렇게 매겼는지 등)을 손가락으로 가리키며 질문하고, 진 친구는 자신의 감정을 설명합니다. 이긴 친구는 진 친구의 말을 경청한 뒤 후속 질문을 이어 갑니다. 이후에는 역할을 바꾸어 같은 방식으로 한 번 더 대화합니다. 이렇게 질문자와 답변자 역할을 번갈아 하면 1회 대화가 완료됩니다. 이 과정을 친구 5명과 진행합니다. 교사는 학생들이 특정 친구와만 대화하지 않도록 조율합니다.

4. 5명의 친구와 대화를 마친 뒤에는 자기 자리로 돌아가 활동지를 다시 살펴봅니다. 처음 적은 감정 점수와 지금 느껴지는 감정을 비교해 보고, 변화가 있는지 생각합니다.

5. 활동지를 다시 살펴보며, 자신이 적은 감정 점수와 플러스·마이너스 요소를 천천히 되짚어 봅니다. '기분을 좋게 만든 일이 더 자주 일어나고, 기분을 나쁘게 만든 일이 줄어든다면 내 감정 점수는 어떻게 달라질까?'를 상상해 봅니다. 활동지 뒷면에 그때 예상되는 감정 점수를 적고, 왜 그렇게

생각했는지 간단히 정리합니다. 이는 자기 감정이 어떤 원인으로 달라지는지 연결하는 경험이 됩니다.

6 짝과 활동지 뒷면의 내용을 나누며 감정을 정리하는 시간을 가집니다.

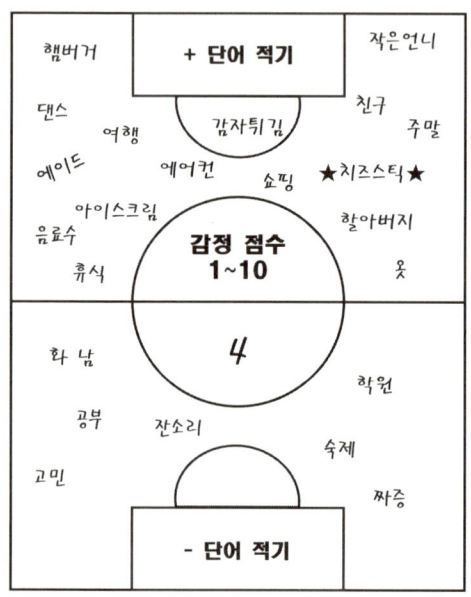

한 학생의 활동지를 보면 가족과 친구, 맛있는 음식이 긍정적인 감정을 불러일으키는 플러스 요인에 들어가 있습니다. 또한 놀이했을 때가 여름이어서 그런지 에어컨도 있습니다. 그중 "치즈스틱"은 별표까지 친 것으로 보아 가장 큰 플러스 요인으로 짐작됩니다. 처음에는 학업 스트레스 때문에 감정 점수가 비교적 낮은 4점으로 시작했지만, 플러스 요인에 적은 단어를 친구들과 공유하면서 점차 즐거운 상상을 하게 되고, 내 기분을 좋게 만드는 요인을 명료화하면서 감정 점수가 높은 쪽으로 변화했습니다.

> **풍성한 놀이를 위한 플러스 α**
>
> - 활동지에 매일 감정 점수를 기록하도록 하면 감정 흐름을 살펴볼 수 있습니다. 일주일 뒤에 활동지를 함께 보며 감정 변화의 원인을 파악해 봅니다.
> - 활동지 내용을 그림으로만 표현하면, 짝과 활동지를 바꾸어 무엇을 표현한 건지 맞히는 퀴즈 놀이로 확장할 수 있습니다. 상대는 그림을 보고 플러스 요소와 마이너스 요소를 추리하며 자연스럽게 감정에 대한 대화를 이어 갑니다.

유의사항

- 감정 점수가 어떤 평가 기준이 아님을 분명히 하고, 감정을 솔직하게 표현한 것을 격려합니다. 예를 들어 "2점이라고 표현한 용기가 멋지다."라는 식으로 학생의 감정 표현 자체에 긍정적인 반응을 보입니다.
- 대화 시, 판단보다는 공감적 호기심에서 출발하도록 지도합니다. "왜 이 단어를 썼어?"처럼 답을 요구하는 것보다 "이 단어 속에 어떤 이야기가 있을까?"처럼 간접적으로 질문하면 감정 표현이 더욱 자연스럽고 진솔해집니다.
- 감정의 변화가 이루어진 '과정'에 초점을 두어야 하며, 감정에 변화가 없어도 괜찮다는 점을 강조합니다.

효과적인 수업 멘트

도입 오늘은 내 감정을 숫자로 표현해 볼 거야. 감정을 점수로 쓰는 건 단순한 숫자놀이가 아니라, 내 마음을 더 잘 들여다보는 방법 중의 하나야. 지금 내 기분이 몇 점인지, 왜 그런지 함께 살펴보자.

마무리 오늘 우리는 내 감정을 숫자로 표현해 보고, 그 감정에 영향을 준 일들을 되짚으며 친구와 대화를 나누었어. 활동지를 주고받으며 서로의 감정에 대해 이야기하면서, 우리는 내 마음뿐 아니라 친구의 마음도 이해할 수 있었지. 이런 대화는 감정을 정리하고 조절하는 데 도움을 주고, 서로의 마음을 잇는 다리가 되어 우리 관계를 따뜻하게 바꾼단다. 오늘처럼 감정을 표현하고 나누는 경험이, 우리 모두를 더 편안하고 열린 마음으로 만들어 줄 거야.

― 활동지 ―

원넘버, 내 감정에 점수 매기기

03
스케치북에 내 마음 그려 보기

준비물 활동지, 채색도구, 잔잔한 음악

놀이 정보
한눈에 보기

이 놀이는 최근에 느낀 감정을 점, 선, 면으로 표현하며 자신의 마음을 시각적으로 들여다보는 활동입니다. 말로 표현하기 어려운 감정도 그림으로 그리면 자연스럽게 드러나고, 표현하는 과정에서 감정이 정리되며 자신을 더 잘 이해할 수 있게 됩니다.

이는 미술치료에서 말하는 심리적 효과와도 연결됩니다. 감정을 색이나 형태로 표현하는 과정은 내면의 감정을 안전하게 드러내고, 감정의 강도와 방향을 조절하며 정서적 안정감과 자기 수용을 높이는 데 도움을 줍니다. 특히 그림을 통해 감정을 '거리 두기' 하며 바라보는 과정은 자기 감정을 비교적 안전하게 표현할 수 있도록 도우며, 감정을 객관적으로 보면서 자기 인식을 확장하는 효과를 가집니다.

◆ 사회정서교육 포인트
말로 표현하기 어려운 감정을 그림으로 드러내는 활동이라, 자기 감정에 혼란을 느끼는 학생도 비교적 안전하게 자기 감정을 마주할 수 있습니다. 시각 요소를 활용하는 과정에서 감정 인식 능력이 향상되고 자기 이해가 깊어지며, 친구와 감정 그림을 공유하면서 공감과 존중 중심의 감정 소통을 경험합니다. 놀이의 전체 흐름 속에서 정서적 안정감, 표현 자신감, 공감 감수성이 함께 자라납니다.

◆ 추천 놀이 타이밍
미술 교과 수업과 접목할 수 있습니다. 학생들의 심리 측면에서는 마음이 복잡하거나 정리되지 않는 학생을 도울 수 있습니다. 즉 학생이 교사의 시선을 피하거나 말수가 급격히 줄거나 수업 참여 태도가 급변하는 등 정서적 신호를 감지되었을 때 감정을 정돈하고 안정감을 회복하도록 도울 수 있습니다. 또한 갈등 상황 이후 감정 표현이 막힌 학생을 도울 때 효과적입니다.

놀이 방법

1 자신이 최근에 느꼈던 감정을 하나씩 떠올리고 최대 6개까지 활동지에 적습니다.

2 각 감정에 어울리는 느낌을 점, 선, 면, 색채로 자유롭게 표현합니다.

3 감정을 표현할 때는 충분한 시간을 들여 진행하며, 모든 표현에는 자신만의 이유를 담도록 합니다.

4 그림을 완성한 학생은 조용히 엎드리거나, 친구를 방해하지 않는 선에서 조용히 시간을 보냅니다. 스케치북 여백에 '지금 느끼는 감정'을 하나 더 그릴 수도 있고, '오늘 하루를 색채로 표현하기'처럼 비교적 간단한 그림 주제를 교사가 추가로 제시할 수도 있습니다.

5 그림을 짝과 바꾸어 보고 서로의 그림을 설명합니다. 감정을 느꼈던 상황이나 그렇게 표현한 이유를 자세히 이야기합니다. 교사가 먼저 예시를 들어 주면 좋습니다.

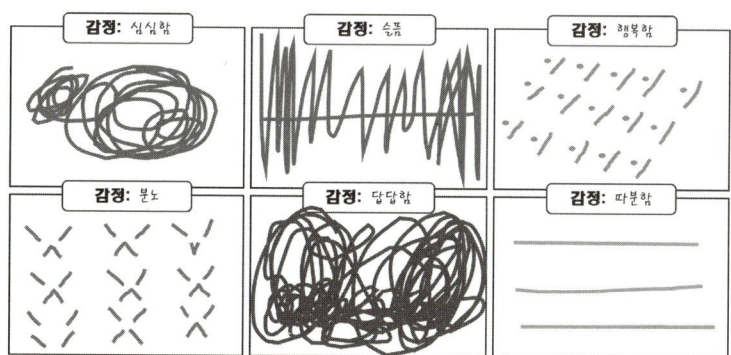

한 학생이 작성한 활동지입니다. 사진상으로 색상 구분이 어렵지만, 각각 '심심함'에는 회색, '슬픔'에는 파란색, '행복함'에는 초록색, '분노'에는 빨간색, '답답함'에는 보라색, '따분함'에는 분홍색을 사용했습니다. 심심함, 슬픔, 답답함에는 복잡한 느낌이 드러나고, 따분함에는 단조로운 느낌이 직관적으로 다가옵니다. 행복함은 새싹이 돋아나는 것도 같고, 봄비가 내리는 것도 같습니다. 분노는 눈꼬리가 올라가고 입꼬리는 내려간, 잔뜩 찌푸린 표정으로 표현했습니다. 학생들은 친구들에게 해당 내용을 해설하며 자신이 감정을 어떻게 인식하는지 확인합니다. 또한, 친구는 나와 같은 감정을 어떤 모습으로 느끼는지 보면서 감정 인식 범위를 확장할 수 있습니다.

풍성한 놀이를 위한 플러스 α

- 활동지 뒷면에 하루 동안의 감정 변화를 점, 선, 면으로 시각화하는 그래프 그리기를 진행할 수 있습니다. 시간 흐름에 따라 감정이 어떻게 변했는지를 표현하면서, 감정 인식의 범위를 확장하고 자기 조절력을 기를 수 있습니다.
- 감정 이름을 가린 뒤, 그림만 보고 어떤 감정인지 추리해 보는 퀴즈 놀이를 할 수 있습니다. 친구의 그림을 관찰하며 감정을 유추하는 과정은 공감력과 감정 이해력을 함께 길러 줍니다.

유의사항

- 단순하거나 추상적인 그림도 감정 언어의 일종으로 존중합니다.
- 감정 시각화는 속도를 늦추고, 표현에 이유가 담겨야 함을 안내합니다.
- 먼저 그림을 완성했을 때는 다른 친구가 그림을 완성할 때까지 조용히 기다리도록 안내합니다.

- 감정 나눔 시간에는 서로의 표현을 판단하지 않도록, 공감과 경청 중심의 대화를 유도합니다.
- 교사는 처음부터 끝까지 학생들을 격려하며 심리적 안정감을 줍니다.

효과적인 수업 멘트

도입 오늘은 너희 마음을 그림으로 표현해 볼 거야. 말로는 설명하기 어려운 감정도 점, 선, 면으로는 더 쉽게 드러낼 수 있어. 지금 내 마음속에 있는 감정은 어떤 모양일까? 눈을 잠깐 감고, 내 마음에 남아 있는 감정을 천천히 떠올려 보자.

마무리 오늘 너희가 그린 그림은 그냥 예쁜 그림이 아니라 너희 감정을 담은 그림이야. 감정을 표현하고 친구와 나눈 이 시간이, 너희가 자신을 더 잘 이해하고 감정을 조절하는 데 꼭 필요한 시간이었을 거야. 앞으로도 내 감정을 다양한 그림으로 표현해 보자.

활동지

스케치북에 내 마음 그려 보기

1. 내가 느낀 최근의 감정들을 떠올리고 최대 6개까지 작성해요!
2. 감정에 따른 느낌을 자유롭게 점, 선, 면, 색채로 표현해요!
3. 그림을 짝에게 자세히 설명하며 자신의 감정을 인식해요!

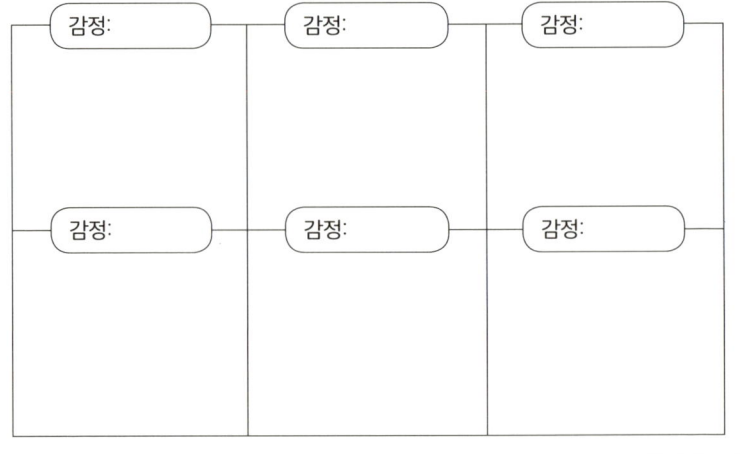

04
진실 혹은 거짓

준비물 활동지, 필기도구

놀이 정보
한눈에 보기

이 놀이는 자기를 소개하는 문장 5개를 만들고 그중 거짓 정보가 담긴 문장 1개를 숨겨서 친구가 거짓 문장을 찾아내도록 하는 활동입니다. 단순한 퀴즈처럼 보이지만, 나를 어떤 문장으로 표현할지 고민하면서 자신을 성찰하고, 친구가 만들어 준 문장을 통해 '다른 사람의 눈으로 보는 나'를 인식하는 놀이입니다.

이 놀이의 특징은 과정에서 친구의 특징을 관찰하며, '친구에 대한 이해'가 곧 '자신에 대한 인식 확장'으로 이어진다는 점입니다. 한참 놀이를 하던 한 학생이 "나는 진짜 나를 잘 알고 있었을까?"라고 질문한 것처럼, 이 놀이를 통해 학생들은 자신을 돌아보는 동시에 친구와의 관계에서 더 깊은 성찰을 경험합니다.

◆ 사회정서교육 포인트
친구의 시선을 통해 나를 새롭게 바라보는 경험을 함으로써 타인의 관점을 수용하고 나아가 타인을 이해하고 존중하는 공감 능력을 키우는 데 도움이 됩니다. 또한 짝 활동에 필요한 경청과 협력으로 소통 능력과 책임감을 기를 수 있습니다.

◆ 추천 놀이 타이밍
새 학기 초, 1교시 일부를 할애하면 좋습니다. 학생들이 처음 만나 어색한 분위기에서 서로 알아가고 친밀함을 다지는 데 도움이 됩니다. 1학기 중반에 진행하면 얼마나 서로에 대해 깊이 알게 되었는지 살펴보는 또 다른 재미를 느낄 수 있습니다.

놀이 방법

1. 학생들은 자신에 대해 참인 문장 4개와 거짓인 문장 1개, 총 5개의 문장을 작성합니다. 교사는 "무심코 쓴 문장이 사실이 아닐 수도 있으니 한 번 더 생각해 보자. 이번 시간은 진짜 '나'를 들여다보는 시간이야."라고 안내합니다. 여기서 '사실이 아닐 수도 있으니 자신을 들여다보라.'는 말은 자신이 쓴 문장을 보며 자신이 언제 어디서든 예외 없이 그렇게 느끼고 행동하는지 다시 한번 깊이 성찰해 보라는 뜻입니다. 곧 자기 인식을 심화하는 과정입니다.

2. 짝과 문장을 교환하고, 상대방의 5개 문장에서 거짓 문장이 무엇일지 추리합니다. 맞히는 과정에서 "왜 그 문장이 거짓이라고 생각했어?" "고른 문장이 거짓이라면 진짜 나는 어땠을까?" 같은 질문으로 대화를 유도합니다.

3. 이번에는 짝에 대해 참인 문장 4개와 거짓인 문장 1개를 작성합니다. 앞서 나눈 문장 내용을 떠올리며 문장을 재구성합니다. 작성하는 동안 대화를 나누거나 질문을 주고받아도 됩니다(예: 고양이 좋아한다고 했는데 무서워했던 적도 있어?, 하루도 안 빼고 매일 아침밥을 먹어?). 이 과정에서 서로에 대해 더 깊이 이해하고 표현하는 경험이 쌓입니다.

내가 바라본 나: 4개의 진실, 1개의 거짓

1. 그림 그리는 걸 좋아해
2. 좋아하는 색은 모든 색
3. 벌레가 싫어
4. 피아노 치는 것도 좋아해
5. 좋아하는 음식은 굴 (거짓)

이 학생은 자신의 특성을 잘 드러냈습니다. "좋아하는 음식은 굴"이라는 거짓 정보를 적으면서 동시에 '나는 굴을 좋아하지 않아.'라는 진실을 전달하고 있습니다. 이처럼 사소한 정보부터 구체화하는 연습을 하면 점차 자신의 성격이나 신념 같은 추상적인 특성까지 명료하게 인식할 수 있습니다.

풍성한 놀이를 위한 플러스 α

- 활동이 끝난 후, 친구와의 대화를 바탕으로 '진짜 나를 표현하는 한 문장' 만들기 활동으로 확장할 수 있습니다.
- 자신이 쓴 5개의 문장과 친구가 해석한 나의 모습까지 더해 생각한 뒤, 자신에게 "나는 어떤 사람일까?"라는 질문을 해 봅니다. 그 질문에 대한 답으로 나를 가장 잘 표현할 수 있는 문장을 하나 적습니다(예: "나는 조용하지만, 관심을 받으면 말이 많아지는 사람이야").
- 완성된 문장을 친구와 교환하여, 서로의 특징을 재확인하고 공감하는 시간을 갖습니다. 이 확장 활동은 자기 인식과 자기 표현을 통합하는 데 효과적이며, 감정 언어와 성찰 언어를 자연스럽게 연결해 줍니다.

유의사항

- 학생들이 자신과 짝에 대해 충분히 생각할 수 있도록 시간을 여유 있게 주면 좋습니다.
- 상대를 웃음거리로 삼거나 조롱하지 않도록 지도하며, 추리가 틀렸을 때도 "그렇게 생각할 수 있겠다."와 같은 열린 태도를 갖도록 안내합니다.
- 발표가 부담스러운 학생에게는 짝과 비공개로 놀이하거나 발표 없이 결과를 공유할 수 있도록 선택권을 줍니다.

- 교사도 놀이에 참여하면 학생들의 적극적인 참여 분위기를 조성하는 데 도움이 됩니다.

효과적인 수업 멘트

도입 오늘은 '나를 소개하는 문장'을 만들 거야. 그런데 그 안에 작은 거짓말 하나를 숨길 거야. 과연 친구는 그걸 알아챌 수 있을까? 내가 어떤 사람인지, 친구는 어떻게 나를 보고 있을지 함께 알아보자.

마무리 오늘 우리는 친구와 이야기 나누며 새로운 시선으로 나를 돌아보았어. 자기 인식이란, 내가 누군지를 솔직하고 깊이 있게 바라보는 힘이야. 그 힘을 오늘 놀이 속에서 자연스럽게 키워 냈으니, 앞으로도 자신이 어떤 사람인지 더 잘 이해하고 표현할 수 있도록 연습해 보자.

— 활동지 —

진실 혹은 거짓

내가 바라본 나: 4개의 진실, 1개의 거짓

1.

2.

3.

4.

5.

친구가 바라본 나: 4개의 진실, 1개의 거짓

1.

2.

3.

4.

5.

05
릴레이 얼굴 그리기

준비물 활동지, 필기도구

놀이 정보
한눈에 보기

이 놀이는 글로 묘사한 내 정보만 가지고 친구가 내 얼굴을 상상해 그림으로 표현하는 활동입니다. 글로 나를 묘사할 때는, 겉모습보다 내면과 관련된 정보에 집중하여 자신을 관찰하도록 합니다. 나의 성격, 표정, 말투, 분위기까지 글로 풀어내다 보면, 아이들은 "나는 어떤 인상을 주는 사람일까?"를 자연스럽게 묻게 됩니다. 따라서 친구가 내 얼굴을 이미 알더라도 글 내용을 바탕으로 그릴 때는 새롭게 해석된 내 얼굴이 그려집니다.

얼굴 그림은 여러 친구가 릴레이로 이어 그리기 때문에, 나에 대한 다양한 해석과 인상을 동시에 경험할 수 있다는 점에서도 특별합니다. 릴레이 과정에서 타인의 시선을 받아들이는 힘, 자신을 객관적으로 바라보는 힘, 그리고 나와 타인을 연결하는 감정의 힘이 함께 자랍니다.

◆ 사회정서교육 포인트
자신을 글로 묘사하는 경험은 자기 성찰을 돕고, 친구가 그려 준 얼굴 그림을 마주하는 경험은 자존감과 수용감을 키우면서 자기 인식의 폭을 넓힙니다. 나와 타인의 시선 차이를 비교하고 연결하며, 자기 이해와 감정 자각 능력을 자연스럽게 기를 수 있습니다.

◆ 추천 놀이 타이밍
학기 초 '자기소개 활동'을 대체할 수 있습니다. 혹은 모둠원끼리 아직 어색한 시점에 활용하면 자연스럽게 자기 이해와 관계 형성이 동시에 이루어집니다.

놀이 방법

1 4인 1조로 모둠을 구성합니다. 그림을 받으면 오른쪽 친구에게 전달하는 방식으로, 첫 번째 주자에게 활동지가 다시 돌아올 때까지 진행하면 됩니다. 그림의 완성도에 따라 한 바퀴를 더 돌아야 하는 경우도 있는데, 외면과 내면 모두를 그리려면 2바퀴 정도가 적당합니다(1라운드에는 외면, 2라운드에는 내면 위주로 그리기).

2 모둠이 구성되면 자기 얼굴을 카메라로 찍은 뒤, 외면과 내면이 모두 드러나도록 글로 묘사합니다.

3 글을 완성한 뒤 활동지를 오른쪽 친구에게 전달합니다. 친구는 받은 글을 토대로 상상하여 얼굴 그림을 그립니다. 이때 친구의 얼굴을 보지 않는 것이 중요하며, 그리는 시간은 1분으로 제한합니다.

4 순서를 모두 돌아 완성된 자신의 얼굴 그림을 확인한 뒤, 그린 친구들의 노력을 존중하면서 가장 마음에 드는 점과, 가장 예상과 다르게 그려진 점을 하나씩 고르고 그 이유를 적습니다. 이때 단순히 '좋다, 싫다'처럼 기호만 남기는 게 아니라 '나는 이렇게 느꼈어.'처럼 자신의 관점에서 구체적으로 표현하도록 안내합니다.

5 완성된 활동지를 교실 칠판에 전시한 후, 서로의 글과 그림을 살펴보며 느낀 점을 나누고 대화합니다.

1. 셀카 찍고 글로 얼굴 묘사하기

안경을 썼고, 무표정이고, 머리는 검은색에 생머리이고, 실핀을 하고, 볼에 홍조가 있어서 볼이 빨갛고, 피부색은 살구색이고, 얼굴형은 동그라며, 조금 긴 형이다.

2. 릴레이 얼굴 그리기

한 학생의 활동지를 보면, 전체적인 얼굴형부터 실핀이나 홍조처럼 구체적인 요소를 포함하여 친구들이 그림 그릴 때 참고할 요소를 잘 적었습니다. 다만 내면 심리나 성격 관련 묘사가 없어서 단순히 무표정으로 그려진 점이 아쉽습니다. 학생들에게 감정, 성격과 관련된 묘사도 글에 반영하도록 강조하면 훨씬 다채로운 놀이가 이루어집니다.

> **풍성한 놀이를 위한 플러스 α**
>
> - 이름을 가리고 퀴즈 놀이로 확장할 수 있습니다. 활동지에서 이름을 가린 채 얼굴 그림만 보고 누구인지 맞히는 퀴즈 놀이로 진행하면, 서로에 대한 이해와 관심이 자연스럽게 높아집니다.
> - 자신의 얼굴을 보완하는 미술 활동으로 확장할 수 있습니다. 돌아온 얼굴 그림에 색을 입히거나 자신이 원하는 요소를 추가하면서 자기 표현력을 강화하고 자존감을 북돋습니다.

유의사항

- 외모 평가나 비교 표현은 금지합니다. 활동 전, 이 활동은 '느낌과 인상'을 표현하는 것이지 얼굴을 잘생기거나 못생기게 그리는 것이 아니라는 점을 분명히 안내합니다.
- 글로 얼굴을 표현할 때는 내면 묘사에 집중하도록 유도합니다. "기분에 따라 얼굴이 어떻게 달라질까?" "내가 주로 짓는 표정은 무엇일까?" 같은 질문을 자신에게 던지면서 얼굴에 드러나는 성격과 감정을 소재로 쓰게 합니다.
- 그림 그릴 때 실물 관찰을 제한합니다. 이미 친구의 얼굴을 알고 있다는 점은 어쩔 수 없지만, 놀이하는 동안에는 활동지에 있는 글만 읽고 상상하도록 안내합니다.
- 놀이의 목표가 시선의 다양성을 경험하는 것이기 때문에 교사도 "좋다", "나쁘다"보다 "다르다"라는 표현을 의식적으로 사용해야 합니다.
- 자기 얼굴 그림이 예상과 너무 달라 서운해하는 학생이 있다면, 친구들이 모두 좋은 의도를 담아 그렸으나 서로 보는 시선이 달라 예상과 다를 수 있

다고 설명합니다.
- 활동지를 전시할 때는 이름을 가립니다. 친구의 표현을 있는 그대로 감상하고 추측하는 활동을 유도합니다. 그러면 얼굴 맞히기 퀴즈와 자연스럽게 연결됩니다. 만약 그림 속 친구가 누구인지 추측하고 알리는 학생이 있다면 다시 한번 주의를 줍니다.

효과적인 수업 멘트

도입 오늘은 글로 나를 표현해 보고, 친구들이 그 글만 보고 내 얼굴을 상상해서 돌아가며 그려 볼 거야. 눈, 코, 입, 표정, 분위기까지 글에 담아 보자. 그다음 친구들이 내가 쓴 글을 읽고 한 사람씩 돌아가며 얼굴의 한 부분씩을 그릴 거야. 과연 어떤 얼굴이 완성될까? 완성된 그림 속 나는, 내가 생각한 나와 얼마나 닮았을까?

마무리 그림 속 나는 어땠어? 내가 생각한 나와 같았니, 달랐니? 친구의 눈에 비친 내가 조금 낯설게 느껴졌을 수도 있어. 그런데 그 낯섦 속에 내가 몰랐던 나의 모습이 숨어 있어. 오늘 활동은 그림을 그리는 시간이기도 했지만, '친구의 시선으로 나를 바라보는 연습'이기도 했어. '내가 누군지' '나는 어떤 인상을 주는 사람인지' 조금 더 알아가는 시간이 되었으면 좋겠다.

활동지

릴레이 얼굴 그리기

1. 셀카 찍고 글로 얼굴 묘사하기

2. 릴레이 얼굴 그리기

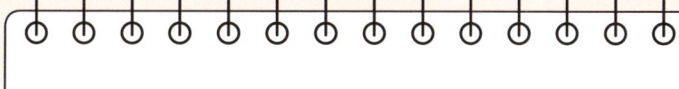

06
본격 감정 추리 게임, 갈래? 말래?

준비물 활동지, 필기도구

놀이 정보
한눈에 보기

이 놀이는 교사가 제시하는 상황을 듣고, 그 상황에서 느껴질 수 있는 감정을 추리하는 놀이입니다. 활동지 하단의 감정 단어 목록 중에서 자신이 느낄 법한 감정을 최대 5개 선택하고, 교사가 정답 감정을 하나씩 공개할 때마다 '갈래?' 혹은 '말래?'를 선택해 점수를 얻거나 잃습니다. 단순한 선택의 반복으로 보이지만, 놀이가 거듭될수록 학생들은 감정 상황에 점점 더 이입하며, 실제로 자신이 그 상황에 놓였다면 어떤 감정을 느꼈을지를 깊이 성찰합니다.

'갈래? 말래?'는 점수 획득을 매개로 놀이 속에서 감정 언어를 자연스럽게 사용하며, 자기 인식과 감정 성찰을 심화하는 활동입니다.

◆ 사회정서교육 포인트
학생들은 교사가 제시한 상황에 어울리는 감정을 선택하며, 자신의 감정을 인식하고 돌아보는 연습을 합니다. '갈래' '말래' 선택 과정에서는 감정에 대한 자기 인식과 판단력이 함께 자랍니다. 라운드를 이어 갈지 멈출지를 결정하며 자기 조절력을 기르고, 친구들과 서로 감정을 비교하며 감정의 다양성과 공감하는 태도도 자연스럽게 익히게 됩니다.

◆ 추천 놀이 타이밍
선택과 판단이 중요한 놀이이므로, 선택에 따른 결과와 책임을 다루는 도덕, 통합 교과 단원과 연계하면 효과적입니다. 또한, 감정 단어를 충분히 익힌 후 실제 상황에 적용하면 학생들의 감정 인식과 표현 능력이 자연스럽게 확장됩니다.

놀이 방법

1. 교사는 감정 상황 하나를 구체적으로 제시하고 감정 상황에 알맞은 1~3단계 답을 미리 정해 둡니다.

    - 아침 조회 시간에 칭찬 스티커를 받았을 때
      1단계: 기쁜, 놀라운, 설레는
      2단계: 자랑스러운, 감사한
      3단계: 행복한

    - 숙제를 안 해와서 반 친구들 앞에서 혼났을 때
      1단계: 당황한, 부끄러운, 미안한
      2단계: 억울한, 불안한
      3단계: 슬픈

2. 학생들은 활동지 아래쪽에 제시된 감정 단어 목록을 참고하여, 교사가 제시한 상황에서 자신이 느낄 것 같은 감정 5개를 골라 적습니다.

3. 교사는 1단계 정답에 해당하는 감정 3개를 차례로 공개합니다. 교사가 공개한 정답 낱말 중 자신이 쓴 감정 목록에 하나라도 포함되면, 자리에서 일어나 점수 획득할 수 있습니다.

4. 교사는 학생들에게 계속 진행할지, 여기서 멈출지 묻습니다.
    - '말래'를 고르면: 20점 획득 후 착석.
    - '갈래'를 고르면: 2단계 정답 감정 2개 공개 → 학생이 쓴 단어와 일치하면 30점 추가 (총 50점), 불일치하면 1단계 점수의 50% 점수만 획득(10점).

5. 2단계까지 성공한 학생은 다시 계속 진행할지, 여기서 멈출지 묻습니다.
    - '말래'를 고르면: 50점 획득 후 착석.
    - '갈래'를 고르면: 3단계 정답 감정 1개 공개 → 학생이 쓴 단어와 일치하면 50점 추가(총 100점), 불일치하면 1, 2단계 누적 점수의 50%만 획득(25점).

6 정답이 공개되면, 각자 감정 선택 이유에 대해 이야기 나누고, 교사는 해당 감정들이 정답인 이유를 설명하며 감정 인식 활동을 정리합니다.

풍성한 놀이를 위한 플러스 α

- 모둠별로 감정을 함께 예측하는 협동 버전으로 바꾸면 점수 경쟁보다 감정에 대한 토론과 공감에 집중할 수 있습니다.
- 감정 단어가 익숙하지 않은 저학년에게는 놀이 단계와 단어 선택 수를 제한하여 단순하고 직관적인 방식으로 운영할 수 있습니다.
- 수업 후 감정 단어를 활용한 글쓰기, 그림 표현, 역할극 등의 활동으로 연결하면 감정 이해와 자기 인식이 더 깊어집니다.

유의사항

- 감정 단어의 뜻은 활동 전에 충분히 설명하고, 필요한 경우 예시를 들어 감정 언어에 익숙해지도록 도와줍니다.
- 활동의 목적은 감정 인식입니다. 표현 점수 획득은 놀이에 적극적인 참여를 끌어내기 위한 동기이므로, 아이들이 단계별로 감정 단어를 고르는 과정에 시간을 많이 쓰도록 활동을 설계합니다.
- 학생이 정답 감정과 다른 감정을 선택했더라도 교사는 "그 감정도 충분히 이해돼." "이런 상황에선 다르게 느낄 수도 있지."처럼 학생의 감정을 인정하는 반응을 보입니다. 뒤이어 "왜 그렇게 느꼈을까?" "그 감정이 든 이유가 뭐였을까?"처럼 감정 선택의 이유를 탐색하도록 질문을 이어 갑니다. 이로써 정답에 초점을 맞추기보다, 학생이 자신의 감정을 스스로 설명하며 감정 상황을 이해하도록 유도합니다.

- 친구의 감정을 함부로 평가하지 않도록, 활동 전에 감정 존중 규칙을 명확히 제시하고 활동 중간에도 지속적으로 환기합니다.
- '갈래? 말래?'를 선택하는 데 학생이 너무 부담스러워할 수 있으므로, 정답을 찾기보다는 자신이 해당 상황에 왜 이 같은 감정을 느꼈는지 이유를 찾는 데 집중하도록 지도합니다.

효과적인 수업 멘트

도입 오늘은 '감정을 추리하는 놀이'를 해 볼 거야. 내가 어떤 상황을 이야기해 줄 건데, 그 상황에서 너라면 어떤 감정을 느꼈을지 떠올려 보자. 놀이 중에 점수를 얻을 수도 있고 잃을 수도 있지만, 진짜 중요한 건 왜 내가 이 감정을 골랐는지 생각해 보는 거야. 이건 자신의 감정을 더 잘 아는 연습이자 우리를 돌아보는 시간이란다.

마무리 오늘 우리는 특별한 상황을 듣고, 그때 느껴질 만한 감정을 떠올리는 활동을 했어. 때로는 내가 고른 감정과 정답이 달라서 놀랐을 수도 있어. 감정은 정답이 정해져 있는 게 아니라, 각자의 마음속에서 자라는 거야. 이제 너희는 하나의 상황 속에서도 다양한 감정을 느낄 수 있다는 걸 경험했단다. 앞으로도 감정을 더 잘 이해해 보자.

활동지

본격 감정 추리 게임, 갈래? 말래?

상황을 듣고 떠오른 감정 단어(최대 5개)	갈래? 말래? 단계별 획득 점수			실패	점수 합계
	1단계 20점	2단계 30점	3단계 50점		
1					
2					
3					

[감정 단어 목록]

기대되는, 설레는, 신나는, 외로운, 두려운, 당황스러운, 억울한, 화난, 열정적인, 기쁜, 슬픈, 용감한, 막막한, 괴로운, 실망스러운, 우울한, 긴장되는, 미안한, 혼란스러운, 짜증 나는, 만족스러운, 감동적인, 관심 있는, 행복한, 미운, 사랑스러운, 그리운, 부러운, 답답한, 귀찮은, 안타까운, 든든한, 공허한, 지루한, 놀라운, 불안한, 무서운, 부끄러운, 후회되는, 재미있는, 자랑스러운, 감사한, 편안한, 여유로운, 서운한, 피곤한

07
친구 따라 미로 찾기

준비물 활동지, 필기도구, 안대

놀이 정보
한눈에 보기

이 놀이는 눈을 감고 친구의 말만 들으며 미로를 통과하는 활동입니다. 길이 보이지 않는 상황에서 친구의 안내에 집중하여 움직이는 경험을 통해 학생은 자기 감정과 신체 감각에 집중하게 되고, 친구 사이의 신뢰와 공감을 자연스럽게 체험하게 됩니다.

후기를 들어 보니 학생들은 놀이 중에 '누군가를 믿고 따를 수 있을까?' '내가 한 말이 친구에게 어떤 영향을 줄까?'와 같은 질문을 던졌다고 합니다. 학생들은 신뢰와 배려가 '말'에 깃들어 있다는 점을 느끼며, 친구와 더불어 산다는 감정이 무엇인지 몸과 마음으로 이해합니다.

◆ 사회정서교육 포인트
자신의 감각과 감정을 세밀하게 인식하면서 감정 자각력이 향상되고, 친구의 안내에 의존하는 경험을 통해 상호 신뢰와 협력을 경험합니다. 또한, 시각장애인의 입장을 몸소 체험함으로써 다양성을 존중하는 공감 감수성이 강화됩니다.

◆ 추천 놀이 타이밍
학기 중반, 아이들이 서로 이름과 얼굴을 모두 알게 되었을 때 활용하면 좋습니다. 특히 하루 중 가장 많은 시간을 함께하는 짝과 협력함으로써 서로를 향한 신뢰가 깊어지고 공감 능력이 발달합니다.

놀이 방법

1 학생들은 2인 1조로 모둠을 정하고, 모둠별로 총 4장의 활동지를 받습니다. 활동지에는 미로가 그려져 있습니다.

2 모둠 안에서 역할을 나누어 한 명은 눈을 감고, 한 명은 말로만 길을 안내합니다. 만약 학급 인원이 홀수라서 한 모둠에 3명이 들어간다면, 설명하는 역할을 2명이 맡아 한 번씩 번갈아가며 안내합니다. 벽(미로 선)을 벗어나더라도 다시 출발점으로 돌아오지는 않으며, 놀이의 전체적인 흐름을 경험하는 데 초점을 둡니다. 안내자(말로만 길을 안내하는 사람)와 탐색자(눈을 가린 채 출구를 찾는 사람) 역할을 바꾸어 1회 더 실시하며, 총 2장의 활동지를 사용합니다.

3 첫 번째 라운드가 끝나면 짝과 함께 짧은 성찰 대화를 나눕니다. 학생들은 '눈을 감았을 때 어떤 기분이 들었는지' '내가 어떤 말에 편안함을 느꼈는지' 등을 떠올립니다. 성찰 내용을 한 문장 혹은 한 단어로 요약해 활동지 뒷면에 기록합니다.

4 이어서 두 번째 라운드를 시작합니다. 이때, 새 활동지 2장으로 놀이를 반복하되, '선 넘지 않기' 규칙을 적용합니다. 이 규칙은 탐색자가 선을 넘어갈 경우, 즉시 출발점으로 돌아가 다시 시작해야 하는 규칙입니다. 이때부터 안내자는 좀 더 세심한 언어를 사용하기 시작하고, 탐색자는 실수에 유연하게 대응하는 태도를 익히게 됩니다.

5 두 번째 라운드가 끝나면 다시 짝과 함께 짧은 성찰 대화를 나눕니다. 이전 라운드에 비해서 수월했는지, 선을 넘어서 다시 시작했을 때 마음이 어

뗐는지 서로 이야기합니다. 교사가 전체 후기를 모아 공유해도 좋습니다.

풍성한 놀이를 위한 플러스 α

- 미로의 길 폭을 좁거나 넓게 조정하여 학년에 따라 난이도를 조절할 수 있습니다.
- 안내자가 사용할 수 있는 단어를 "위, 아래, 왼쪽, 오른쪽, 멈춰!" 정도로 제한하여 안내자의 말하기 능력과 탐색자의 주의력을 동시에 강화할 수 있습니다.
- 교사가 제시한 미로 외에 자기만의 미로를 만든 뒤 친구들과 교환하여 놀이할 수 있습니다.

유의사항

- 규칙은 훈련이 아닌 성찰을 위한 수단입니다. 미로 선을 넘는 실수는 자연스러운 경험으로 받아들이며, 좌절보다 다시 시작하는 태도에 집중할 수 있도록 안내합니다.
- 교사는 학생들 사이에 서로의 실수를 수용하고 격려하는 관용적인 분위기가 활동 전반을 지배하도록 유도합니다.

효과적인 수업 멘트

도입 오늘은 눈을 감고 친구의 말을 따라 미로를 지나가는 활동을 해 볼 거야. 처음엔 실수도 하고, 미로 선을 벗어날 수도 있지만 괜찮아. 우리가 이 활동에서 진짜로 해 보려는 건 잘 그리는 것이 아니라, 친구의 말에 귀 기울이고 내 감정을 살펴보는 것이니까.

마무리 오늘 친구의 안내를 따르면서 어떤 감정을 느꼈는지, 내가 안내할 때 친구를 얼마나 배려했는지를 생각해 보는 게 중요했어. 미로 선을 넘어가는 실수는 우리 모두 할 수 있지. 그때마다 서로 비난하지 않고, 차분하게 다시 시작하는 친구들이 참 대단했어. 오늘의 미로처럼, 우리 마음도 가끔은 길을 잃기도 하지만 누군가가 옆에서 도와준다면, 우리는 다시 길을 찾을 수 있어.

— 활동지 —

친구 따라 미로 찾기

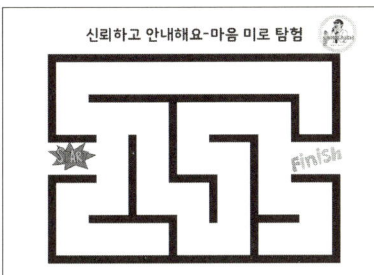
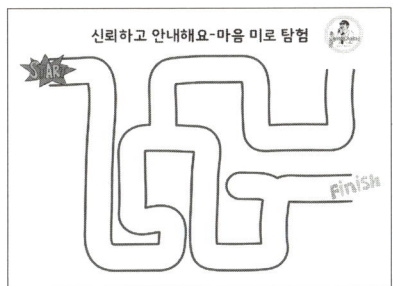
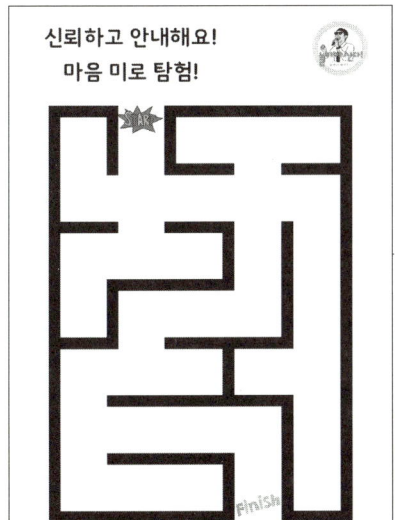

08 장점 선물 장터

준비물 필기도구, 붙임쪽지

놀이 정보
한눈에 보기

이 놀이는 내가 생각하는 나의 장점을 여러 개 적고, 장점 장터를 열어 그중 일부를 친구에게 선물하는 놀이입니다. 겉으로 보기엔 쪽지를 주고받는 단순한 활동으로 보이지만, 어떤 장점을 고를지 고민하는 순간부터 아이들은 "나는 어떤 점이 괜찮은 사람일까?" "이 장점이 정말 나를 잘 보여 주는 걸까?"라는 질문을 던지며 자신을 돌아보기 시작합니다.

또한 친구가 내게 건넨 장점을 보며, 또 다른 시선으로 자신을 마주하게 됩니다. 결국 이 놀이는 내 마음을 돌아보고, 친구의 마음을 헤아리는 과정을 통해 자기 이해와 공감을 함께 키워 가는 자기 인식 활동입니다. 작은 붙임쪽지에 적힌 한 줄의 말이, 아이들의 마음속에 오래도록 남는 진심 어린 선물이 됩니다.

◆ 사회정서교육 포인트
자기 인식을 깊이 있게 이끄는 활동입니다. 아이들이 자신의 장점을 떠올리고 타인의 시선에 비친 자신을 새롭게 인식할 때, 자기 수용과 긍정적인 자기 개념을 강화합니다.

◆ 추천 놀이 타이밍
학생들이 지치고 자신감을 잃기 쉬운 학기 말에 특히 효과적입니다. 자신의 장점을 다시 들여다보고, 친구에게 따뜻한 언어로 선물하는 경험은 학급 분위기를 긍정적으로 바꾸는 데 큰 힘이 됩니다. 학기 마무리 활동으로 진행하면 자기 인식을 되짚고, 함께 성장해 온 친구들과 따뜻하게 연결되는 시간을 보낼 수 있습니다.

놀이 방법

1. 짝과 칭찬 릴레이 대화를 나누며 서로의 장점을 떠올리고 붙임쪽지 4장에 자신의 장점을 각각 하나씩 적습니다.

2. 장점 장터를 열어 3장을 친구에게 선물하고 나머지 1장은 자신이 간직합니다. 선물을 건넬 때는 해당 장점을 건네는 짧은 이유나 따뜻한 한마디를 곁들여 전달하도록 안내합니다.

3. 자신이 간직한 장점 1장에 대해 친구에게 선물하지 않은 이유가 무엇인지 붙임쪽지 뒷면에 적습니다.

4. 친구로부터 받은 장점이 나의 장점인 것처럼 실천해 보는 단계입니다. 친구에게 장점을 받고 난 뒤, 해당 장점에 대한 실천 계획을 붙임쪽지 뒷면에 적습니다.

5. 받은 장점과 실천 다짐을 다른 친구 3명에게 공유하며 마무리합니다.

풍성한 놀이를 위한 플러스 α

- 학급 전체로 활동 범위를 넓힐 수 있습니다. 학생들이 교실 전체를 돌아다니며 장점을 주고받으면 관계의 폭이 넓어지고 학급 분위기가 따뜻해집니다.
- 장점 쪽지 4장을 모두 친구에게 나눠 주고, 받은 장점 중 1개를 골라 실천 계획을 세우면 자기 설계 역량이 자랍니다.
- 각자 장점 쪽지를 좌판처럼 진열한 뒤 학급 전체가 자유롭게 장점을 교환하도록 할 수 있습니다. 이 과정에서 각자 장점에 대해 다양한 이야기를 나누다 보면 자기 표현력이 강화되고 친구를 향한 이해도가 깊어집니다.

유의사항

- 장점을 적을 때는 능력보다 태도와 관련한 내용을 적도록 안내합니다.
- "친구들이 여러분에게 어떤 칭찬을 했는지 떠올려 볼까?"와 같은 질문으로 학생들이 자기 장점을 잘 인식하도록 도와줍니다.
- 친구의 장점을 받았을 때 함부로 판단하거나 놀리지 않도록 안내합니다.
- 실천 다짐은 일상적이고 구체적인 행동 중심으로 작성하도록 안내합니다.

효과적인 수업 멘트

도입 오늘은 너희가 가진 멋진 점들을 하나하나 꺼내 보고, 그중 일부는 친구에게 선물해 보는 시간을 가질 거야. '친구가 보는 나, 내가 생각하는 나' 그 사이에서 진짜 나의 장점을 찾아가는 거지. 그리고 친구가 준 장점 중 '내 장점으로 만들기 위한 작지만 특별한 약속'도 함께 세워 볼 거야. 자, 따뜻한 마음으로 서로를 바라보며 시작해 볼까?

마무리 오늘 우리는 마음을 담아 서로의 장점을 주고받았어. 친구가 건넨 장점은, 너희 안에 이미 있는 좋은 모습일 수도 있고, 이제부터 키워 갈 멋진 가능성일 수도 있어. 누군가의 따뜻한 말 한 줄이 생각보다 오래 마음에 남기도 하거든. 오늘 받은 장점을 소중히 간직하고, 조금씩 행동으로 이어 가 보자. 그게 너희를 더 멋지게 만들어 줄 거야.

09
36개 칸으로 나 찾기

준비물 활동지, 필기도구, 주사위 2개(또는 DICE 앱)

놀이 정보
한눈에 보기

이 놀이는 학생들이 직접 만든 질문에 대해 각자의 생각과 감정을 주고받으며 자기 이해를 키우는 활동입니다. 게임 판의 각 칸은 학생들이 직접 만든 질문으로 채워져 있으며, 주사위를 던져 나온 숫자만큼 말을 이동하여 해당하는 칸의 질문에 답하면 됩니다. 내가 만든 질문, 친구가 만든 질문으로 서로 이야기 나누며 학생들은 자신에 대해 잘 알게 되고, 친구에 대한 공감력도 함께 자랍니다.

"내가 만든 질문에 친구가 대답하는 걸 들으면서 나를 다시 보게 됐어요."라는 학생의 말처럼, 이 놀이는 질문을 중심으로 '말하는 나'와 '듣는 나'를 모두 경험하게 합니다.

◆ 사회정서교육 포인트
자기 인식을 자연스럽게 확장하는 활동입니다. 감정, 성격, 경험, 관심사에 대한 폭넓은 질문들이 아이들 내면의 이야기를 이끌어 내고, 서로의 이야기를 듣는 과정에서 자기 인식의 폭이 넓어집니다. 이 같은 경험은 자신을 표현하는 힘과 친구의 말 속에서 나를 발견하는 감수성을 함께 자라나게 합니다.

◆ 추천 놀이 타이밍
모둠 편성 이후 어색한 분위기를 자연스럽게 푸는 데 효과적입니다. 창의적 체험활동 시간에 모둠별로 게임 판을 바꿔 가며 진행할 수 있습니다. 또 특정 장소에 게임 판을 비치해 두면, 쉬는 시간이나 점심시간에 학생들이 자발적으로 활용할 수 있습니다.

놀이 방법

1. 4인 1조로 모둠을 구성하되, 홀수 인원이어도 괜찮습니다.

2. 모둠 친구들이 함께 6×6칸에 자기 인식을 이끌 질문 36개를 작성합니다.

3. 질문은 감정, 경험, 가치관을 중심으로 구성하며, 교사가 제공한 예시 질문을 참고해 변형하거나 새롭게 만들어도 됩니다. 예시 질문은 다음과 같습니다.
   - 내가 자주 가는 곳은?
   - 요즘 나의 기분은?
   - 최근 웃었던 일은?
   - 내가 자주 듣는 말은?

4. 질문 게임 판이 완성되면, 모둠에서 1명씩 돌아가며 주사위 2개를 굴립니다. 주사위 2개를 구별할 수 있도록 표시합니다. 실물 주사위가 없을 때는 주사위 앱을 활용하며, 학생마다 2회씩 던져 차례를 진행합니다.

5. 1번 주사위는 가로줄, 2번 주사위는 세로줄을 의미합니다. 보드의 가로세로를 좌표축으로 하여 2개 수가 만나는 칸의 질문에 대해 답변합니다.

6. 답변은 주사위를 굴린 학생이 합니다. 이때 질문에 대한 자신의 경험이나 감정을 솔직하게 이야기합니다.

7. 각 답변 뒤에는 반드시 모둠 친구가 짧은 반응이나 후속 질문을 1회씩 하여 자연스럽게 대화를 이어 갑니다.

8. 모둠 내에서 활동이 끝나면 모둠끼리 질문지를 교환해 새로운 질문 게임

판으로 활동을 이어 갑니다.

9 이때 모호하거나 어려운 질문에 대해 간단한 피드백을 나누고, 필요한 경우 질문을 수정합니다.

나를 기쁘게 하는 것은?	어느 나라를 좋아하나요?	나를 기쁘게 하는 것은?	어느 곳 여행하는 걸 좋아해요?	지금 가장 좋아하는 게임은?	어떤 장난감을 좋아하나요?
무슨 과목을 좋아하나요?	무슨 계절을 좋아하나요?	좋아하는 책은?	자신이 똑똑하다고 생각하나요?	친구가 힘들 때 내가 한 일은?	무슨 게임을 좋아하나요?
무슨 음식을 좋아하나요?	여름에 먹고 싶은 음식은?	제일 좋아하는 선생님은?	화날 때는 어떻게 하나요?	나를 기분 좋게 하는 것은?	내가 제일 좋아하는 것은?
나의 꿈은?	무슨 영화를 좋아하나요?	무슨 음식을 좋아하나요?	내가 기억하는 친구 생일은?	내가 좋아하는 색은?	내가 싫어하는 것은?
무슨 동물을 좋아하나요?	어떤 유튜버를 좋아하나요?	무슨 주스를 좋아하나요?	내가 가장 좋아하는 것은?	내가 가장 좋아하는 것은?	나의 장점은 무엇이라고 생각하나요?
나에게 행복이란?	무슨 캐릭터를 좋아하나요?	콜라 VS. 사이다?	무슨 귀신을 좋아하나요?	어느 축구선수를 좋아하나요?	가장 좋아하는 노래는?

한 모둠에서 만든 질문 보드입니다. 다양한 질문으로 각 칸을 채웠는데, "나를 기쁘게 하는 것은?" "내가 가장 좋아하는 것은?" 같은 질문이 중복으로 들어갔습니다. 같은 질문을 여러 친구에게 해 보고 싶어서 중복하여 썼을 수도 있지만 되도록 중복되지 않는 질문으로 36칸을 채우게 합니다. 또한, "내가 가장 좋아하는 것은?"처럼 광범위한 질문이 들어가기도 했는데, 질문을 적을 때는 범위를 좁혀서 구체적으로 질문하도록 안내합니다.

> **풍성한 놀이를 위한 플러스 α**
>
> - 활동 마지막에 가장 기억에 남는 친구의 답변과 그 이유를 발표하는 단계를 추가하면, 친구들의 답변을 더 경청하도록 할 수 있습니다.

유의사항

- 질문은 감정, 경험, 가치관 등 자기 인식을 이끌 수 있는 방향으로 작성되도록 지도합니다. "좋아하는 색은?"보다는 "그 색을 좋아하는 이유는?"처럼 구체적이고 의미 있는 질문이 좋습니다.
- 친구의 말에 반응할 때는 조롱이나 비판을 삼가고, 공감과 격려가 담긴 언어를 사용합니다.
- 진솔하게 답해야 하는 만큼 민감한 내용이 나올 수 있으므로 대답을 거부할 수 있는 '패스권'을 안내해 심리적 안정감을 줍니다.
- 말하는 친구의 눈을 바라보며 듣고, 말에 맞장구치거나 질문을 덧붙이는 등 상호작용을 활발히 하도록 격려합니다.
- 놀이 흐름이 끊기지 않도록 교사가 순회하며 주사위 굴리는 순서나 대화 리듬을 유지하도록 돕습니다.
- 처음에는 교사가 예시 질문 몇 개를 제공하되 점차 학생 주도 활동으로 전환해 갑니다.

효과적인 수업 멘트

도입 오늘은 우리가 함께 만드는 '질문 보드'를 가지고 나를 탐색해 보는 놀이를 할 거야. 감정, 경험, 생각과 관련된 다양한 질문을 모둠 친구들과 함께 만들고, 차례로 대답하면서 자신을 돌아보게 될 거야. 또 친구의 대답을 들으면서 '나도 저런 적 있었는데' 하고 공감하거나, '나는 저럴 땐 어땠지?' 하고 생각해 보게 될지도 몰라. 질문을 쓰는 순간부터, 이 놀이 안에 이미 너희의 마음이 담기게 될 거야. 지금부터 서로를 더 잘 이해하게 되는 특별한 시간을 만들어 보자!

마무리 오늘 너희가 만든 질문 보드에는 단순한 문장이 아니라, 너희 마음과 생각이 담겨 있었어. 주사위를 통해 질문을 골라 대답하면서, 나도 몰랐던 내 감정이나 기억을 떠올렸을 거야. 친구들의 이야기를 들으며 '저런 마음도 있구나' 하고 고개를 끄덕인 순간도 있었지. 이렇게 질문을 주고받는 건, 서로를 깊이 이해하고 나를 더 정확히 알아가는 좋은 방법이란다.

10
약점이 강점으로, 거울카드

준비물 나야 나 거울카드(학토재)

놀이 정보
한눈에 보기

이 놀이는 자신의 약점을 솔직하게 보이고, 그것을 친구들과 함께 강점으로 뒤집어 보는 감정 탐색 활동입니다. 놀이의 주된 진행 방식은 '3장의 약점 카드 중 거짓 약점 카드 1장을 숨기고 무엇이 거짓인지 친구들이 추리하는 과정'이지만, 진짜 중요한 순간은 서로의 이야기를 진심으로 듣고 따뜻하게 반응하는 시간입니다. 카드를 고르며 자신을 돌아보고, 발표를 통해 자신을 표현하며, 친구들의 추리와 칭찬을 들으면서 내 안의 새로운 면모를 발견하게 됩니다.

◆ 사회정서교육 포인트
자기 인식을 깊이 있게 자극하는 활동으로, 학생은 자신의 약점을 고르고 친구에게 소개하며, '이게 정말 내 단점일까?' '다른 사람은 이걸 어떻게 볼까?' 같은 질문을 자연스럽게 떠올립니다. 친구들이 들려주는 긍정적 피드백은 학생이 자신을 받아들이고, 약점을 다른 시선으로 바라보는 데 큰 힘이 됩니다. 자신에 대해 성찰하고, 친구의 격려 속에서 또 다른 나를 발견하는 이 과정은 학생 내면에 자존감과 수용의 태도를 자라나게 합니다.

◆ 추천 놀이 타이밍
이 놀이는 평가 후 자신감이 낮아진 시기에 하면 특히 좋습니다. 자신의 강점을 다시 발견하면서 긍정적인 회복의 경험을 만들 수 있습니다. 또한 하루를 마무리하는 시간에 진행하면 감정을 정리하는 데 도움이 됩니다. 서로를 응원하고 격려하는 따뜻한 분위기 속에서 진행하는 것을 추천합니다.

놀이 방법

1. 4인 1조로 모둠을 구성하고, 모둠별로 거울카드 1세트를 배부합니다.

나야나 거울카드(출처: 학토재 행복가게)

2. 학생들은 카드를 펼쳐 앞면(강점 문장)과 뒷면(약점 문장)을 자유롭게 탐색합니다.

3. 모든 카드를 약점 면(흰 배경)으로 뒤집은 후, 각자 약점이라 생각하는 카드 3장을 고릅니다. 이 중 2장은 진짜 약점, 1장은 거짓 약점입니다.

4. 1명씩 발표자가 되어 3장의 약점을 모두 진짜처럼 이야기합니다. 나머지 친구들은 발표를 듣고 거짓 약점이라고 생각하는 카드를 동시에 지목합니다.

5. 발표자가 정답을 공개하고, 3장의 카드를 모두 강점 면으로 뒤집은 후 친구들이 해당 강점을 중심으로 짧게 칭찬을 전합니다. 발표자는 가장 마음

에 드는 칭찬을 준 친구에게 가산점을 부여합니다(발표자의 거짓 약점을 맞힌 학생 1점, 가장 마음에 드는 칭찬을 해 준 학생 1점).

6. 모든 학생이 2회씩 발표자가 될 수 있도록 반복합니다. 가장 점수가 높은 학생이 우승합니다. 나머지 학생은 우승자 학생에게 선물로 칭찬 한마디를 전합니다.

풍성한 놀이를 위한 플러스 α

- 놀이 흐름을 반대로 구성하여, 강점 카드 3장을 고르고 그중 하나를 거짓 강점으로 골라 추리하는 방식으로 진행합니다. 색다른 시각에서 자신을 바라보며 재미있게 자기 인식을 확장할 수 있습니다.
- 뽑는 카드를 2장으로 줄이면, 활동을 보다 짧고 집중도 높게 운영할 수 있습니다.

유의사항

- 추리의 정답을 맞히기보다 발표 내용을 경청하고 존중하도록 강조합니다.
- 발표자는 3장의 약점 중 거짓 약점이 눈에 띄지 않도록 이야기 분량이나 감정 표현의 강약을 고르게 조절하도록 안내합니다.
- 거짓 약점을 추리할 때는 모둠 친구들이 '하나, 둘, 셋!' 구호를 외치며 동시에 지목하게 하면 긴장감과 몰입도가 높아집니다.

효과적인 수업 멘트

도입 오늘은 우리 안에 숨어 있는 '강점의 씨앗'을 함께 찾아볼 거야. 우리는 우리의 어떤 모습을 약점이라고 느끼지만, 친구들의 눈으로 보면 전혀 다르게 보일 수도 있어. 오늘 활동에서는 너희가 고른 약점 중 하나를 거짓으로 숨기고, 친구들이 어떤 게 거짓인지 추리해 보는 놀이를 할 거야. 하지만 진짜 중요한 건 서로의 이야기를 진심으로 나누고, 따뜻하게 들어 주는 거야. 이 시간을 통해 나를 새롭게 바라보고, 친구에 대해서도 더 깊이 이해하는 특별한 경험을 해 보자.

마무리 오늘 너희가 용기 내어 꺼낸 이야기들은 정말 멋졌어. 누구에게나 약점처럼 느껴지는 부분이 있지만, 그걸 말하고 나누는 것만으로도 대단한 용기야. 그리고 친구들이 해 준 칭찬과 따뜻한 말들, 꼭 기억해 줘. 그 안에 진짜 너희의 강점이 담겨 있어. 오늘처럼 서로를 있는 그대로 바라본다면, 우리 모두 더 멋진 사람이 될 수 있을 거야.

2

자기 조절:
(Self-Management)

내 감정 다루는 힘 기르기

자기 조절은 단순히 '화를 참아야 한다'는 결심으로 생기지 않습니다. 감정이 크게 동요할 때, 잠시 멈추고 상황에 맞는 행동을 선택하는 힘은 꾸준한 경험과 연습에서 길러집니다. 내 감정을 알아차리고, 여러 선택지를 떠올린 뒤, 그중에서 가장 나은 행동을 고르는 과정입니다. 이렇게 하면 충동적인 행동을 줄이고, 마음이 안정되며, 관계도 한결 원만해집니다.

놀이에서는 승패가 갈리는 순간의 긴장감, 실수를 범하는 아쉬운 순간이 자연스럽게 찾아옵니다. 그때마다 아이들은 화내기보다, 잠시 기다리거나 다시 시도하면서 끝까지 규칙을 지키고 감정 조절하는 법을 배웁니다.

자기 조절 놀이에서 무엇보다 중요한 것은 놀이 후 성찰 시간입니다. 놀이 중에 느꼈던 자신의 감정을 말로 풀어내고, 행동과 연결해 돌아보는 경험이 쌓이면 학생들도 점차 감정 조절에 대한 자신감이 생깁니다.

자기 조절 놀이와 SEL 효과 한눈에 보기

놀이 \ SEL 효과	감정 흐름에 대한 자각과 조절 전략 강화	충동과 반응 사이의 여백 경험	실패를 견디며 회복하는 힘기르기	감정과 행동의 연결 고리 인식	음악과 신체 활동을 통한 조절 감각 체득	또래와의 대화 속에서 조절 방식 확장	조용한 성찰을 통한 자기 조절의 내면화
병뚜껑 맵 설계하기		○	○	○		○	
AI로 작곡하는 내 마음	○				○	○	○
멈추는 힘을 기르는 가라사대		○	○	○		○	
감정 카드로 떠나는 여행	○			○		○	
멈추면 마음이 보이는 무궁화꽃		○		○	○		
나만의 리듬을 찾는 멈춤 타이밍	○	○				○	○
마법의 되감기 버튼	○			○		○	○
침묵의 캐치마인드	○	○	○				○
흔들려도 견뎌 내는 중심 잡기	○	○	○				○
파이프를 연결해라!	○	○	○			○	

01 병뚜껑 맵 설계하기

준비물 4절 도화지, 병뚜껑, 채색도구

놀이 정보 한눈에 보기

이 놀이는 우리가 만든 규칙 안에서 감정을 조절하고, 실패와 도전을 경험해 보는 자기 조절 활동입니다. 아이들은 맵(지도)을 만들고 병뚜껑을 튕길 때의 힘 조절, 실패 후 다시 도전하는 방법 등 우리만의 규칙을 정하고 따르면서 자연스럽게 자기 감정을 조절하고 절제하는 법을 배웁니다. '실수 칸' '회복 칸' '응원 칸' 등을 직접 만들고, 실패했을 때 다시 도전하며 서로 응원하는 경험을 나눕니다. 이 놀이는 감정을 부드럽게 흘려보내며, 자기 감정을 다루는 힘과 공동체 감수성을 함께 길러 줍니다.

◆ **사회정서교육 포인트**
이 놀이는 자기 조절 훈련을 반복적으로 경험하게 합니다. 학생들은 실패와 재도전을 통해 인내심과 회복탄력성을 기르고, 공동의 규칙을 설정하는 등 협업을 통해 책임감과 배려심을 함께 익힙니다.

◆ **추천 놀이 타이밍**
창의적 체험 활동 시간에 적합합니다. 모둠원들과 어느 정도 친밀해진 학기 중반 이후 진행하면 협력과 맵 설계의 즐거움이 커집니다. 교과 진도 종료 후 학기 말 활동으로 활용해도 좋으며, 완성된 맵은 쉬는 시간이나 아침 활동 등 일상 속 놀이로도 확장할 수 있습니다.

놀이 방법

1. 4인 1조로 모둠을 구성하고, 각 모둠에 4절 도화지 1장, 병뚜껑(1인당 5개), 채색도구 등을 나눠 줍니다.

2. 모둠별로 맵을 만듭니다. 물론 4절 도화지 안에 그릴 수만 있다면 다양한 크기의 맵을 설계할 수 있지만, 처음 놀이하는 학생들이 많으므로 4×4 크기부터 천천히 시도하면 좋습니다. 이때 출발점과 도착점을 정하고, [실수 칸, 회복 칸, 감정 조절 칸, 멈춤 칸, 응원 칸] 5개 칸을 포함하여 맵을 채웁니다. 앞선 5개 칸을 너무 많이 사용하면 놀이의 재미가 반감되므로, 각 칸은 최대 2개까지만 사용하도록 안내합니다. 맵 설계는 학생들의 자발적인 상상력을 바탕으로 할 때 효과적입니다. 미션의 위치와 내용, 맵 폭을 좁히거나 목적지 앞에서 유턴시키는 등 장애물 요소까지 학생이 직접 정하는 과정은 곧 자기 조절 훈련장이 됩니다. 다음은 '감정 계단'이라는 이름으로 설계한 맵의 예시입니다.

· 구조: 병뚜껑을 튕겨 계단 모양의 길을 통과한다. 각 칸에 멈추면 해당 미션을 즉시 수행!
· 미션
  ① 짜증: 짜증 났던 상황을 떠올려 한 문장으로 말하기
  ② 멈춤: 눈 감고 5초간 멈추기
  ③ 숨 고르기: 심호흡 3번 하기
  ④ 생각 바꾸기: 부정적인 상황을 다른 시각으로 바꾸어 말하기
  ⑤ 기쁨: 옆 친구에게 긍정적인 한 마디 전하기

	짜증				
			숨 고르기		
	생각 바꾸기				멈춤
			기쁨		

'감정 계단' 맵 예시. 오른쪽 하단에서 출발하며 왼쪽 상단으로 이동하는 것이 목표입니다.

3 5개 특수한 칸 외에는 칸마다 '숨 고르기', '기분을 색으로 표현하기', '친구 칭찬하기'처럼 자기 조절 관련 미션을 적습니다.

4 병뚜껑은 맵 안에서만 튕기며, 맵을 벗어나지 않도록 힘 조절을 해야 합니다. 만약 병뚜껑을 너무 세게 튕겨서 맵 밖으로 떨어지면 순서가 넘어갑니다.

5 놀이판이 완성되면 모둠 내에서 먼저 시험해 보고 규칙이 너무 엄격하지 않은지, 미션 내용이 주제와 잘 맞는지 점검합니다.

6 이후 다른 모둠과 놀이판을 교환하여 놀이하고, 피드백을 주고받아 각자 규칙이나 미션 등을 보완합니다.

7 보완이 끝나면 자유롭게 다른 모둠과 교차로 놀이하며 다양한 맵을 경험합니다.

8 놀이가 끝나면, 모둠원끼리 가장 자기 조절이 절실했던 칸에 대해 이야기 나눕니다. 모둠 대표는 모둠원의 이야기를 활동지 뒷면에 정리합니다.

9 모둠별 발표를 통해 자기 조절이 절실했던 순간과 그때 느꼈던 감정, 다음에 같은 상황을 마주한다면 보이고 싶은 반응 등을 공유하며 마무리합니다.

다음은 한 모둠이 설계한 맵과 규칙입니다. 이 모둠은 곡선을 활용하여 자유로운 형태의 감정 맵을 설계했습니다. 맵의 주제는 '감정 여행'이었으며, '짜증의 언덕', '기쁨의 골짜기', '용기의 다리' 같은 경로에 도달할 때마다 점수를 얻거나 잃는데, 총 25점의 점수를 얻으면 승리하는 규칙을 정했습니다. 규칙은 놀이하면서 보완되기도 했습니다. 맵을 보면 '쾅'이라는 큰 점이 그려

> ⚠️규칙⚠️
>
> 1) 25점에 도달하면 그 사람이 승리
> 2) 맵 밖으로 병뚜껑이 나가면 -3점(애매할 땐 친구들이 심판)
> 3) 놀이하면서 친구를 놀리거나 비난하지 않기
> 4) 제작자들에게 뭐라 하지 않기

져 있는데, 여기에 도달한 친구를 놀리는 일이 벌어져 3번 규칙을 새로 도입했습니다. 4번 규칙이 추가된 것을 보니, 다른 모둠에 비해 맵이 복잡했던 탓에 친구들의 원성을 들은 모양입니다.

풍성한 놀이를 위한 플러스 α

- 학급 전체가 하나의 대형 맵을 설계하는 공동 설계 버전으로 운영하면, 협동심과 책임감도 함께 기를 수 있습니다.
- 설계 시 병뚜껑의 이동 경로를 미리 정하거나, 정하지 않는 방식을 번갈아 사용하면 서로 다른 자기 조절 역량을 강화할 수 있습니다. 병뚜껑을 정해진 경로로 튕겨 도착하도록 설계한 경우는 계획적 사고, 규칙 준수, 집중력 조절 등에 효과가 있고, 병뚜껑을 자유롭게 튕겨 도착하도록 설계한 경우는 즉흥적 판단력, 감정 반응 조절 등에 효과가 있습니다.
- 감정의 흐름을 한 편의 이야기로 연결해 구성하는 '이야기 기반 맵 설계'는 학생들의 몰입도와 자기 이해를 높이는 데 효과가 있습니다.
- 학생들이 놀이에 익숙해지면 사각형 격자무늬 놀이판을 변형하여 자유로운 미로 형태의 놀이판을 활용할 수 있습니다.

유의사항

- 병뚜껑을 튕기는 과정에서 감정 기복이 생길 수 있으므로, 실패해도 괜찮다고 하며 다시 도전할 수 있다는 분위기를 만들어 줍니다.
- 맵 설계 시 학생들의 상상력과 규칙 제안을 존중하되, 현실적이고 적절한 미션인지 함께 점검합니다.
- 규칙 위반이나 갈등 상황이 생겼을 때는 벌칙보다 "어떻게 감정을 다시 조절할 수 있을까?"라는 질문으로 이끕니다.
- 놀이가 끝난 후에는 모둠별로 한 명씩 돌아가며 이야기를 나누고, 모둠 대표가 친구들의 경험을 기록하여 발표할 수 있도록 지도합니다.

효과적인 수업 멘트

도입 오늘은 너희가 병뚜껑 맵을 직접 만들고 놀이하는 날이야. 우리 마음 속 감정을 어떻게 조절하고 다시 도전할 수 있을지를 직접 설계하고 경험해 보는 시간이지. 실패해도 괜찮아. 중요한 건 어떻게 다시 시도하는지를 함께 알아보는 거야. 놀이 안에 너희만의 방법과 마음이 담길 수 있도록 자유롭게, 하지만 규칙을 잘 지켜 가며 만들어 보자.

마무리 오늘 너희가 만든 맵 하나하나에는 너희의 감정과 조절의 흔적이 담겨 있었어. 병뚜껑 튕기며 기분이 흔들리기도 하고, 다시 도전하며 스스로 마음을 다잡기도 했지. 친구들과 함께 규칙을 만들고 서로를 응원하며 놀았던 그 순간들이 선생님에게도 참 소중했어. '자기 조절이 필요했던 칸'을 고르고 그때를 이야기해 주는 너희 모습에서, 선생님은 너희가 마음을 다루는 법을 배우고 있다는 걸 느꼈어.

02
AI로 작곡하는 내 마음

준비물 활동지, AI SUNO 접속용 기기(노트북, 태블릿, 스마트폰 등), 이어폰

놀이 정보
한눈에 보기

이 놀이는 감정을 음악으로 표현하고, 그렇게 표현된 음악으로 다시 자기 감정을 조절하는 활동입니다. 아이들은 먼저 현재 자신이 느끼는 감정을 짧은 문장으로 정리한 뒤, AI가 만든 노래를 들으며 마음의 긴장을 풀고 감정의 강도를 조율합니다. "나는 지금 어떤 감정을 느끼고 있을까?" "이 감정을 조금 더 편안하게 만들려면 어떻게 할까?"를 생각하며, 부정적인 감정은 완화하고 긍정적인 감정은 확장하는 연습을 합니다. 특히 친구의 감정 노래를 함께 듣고 누구의 감정인지 추리하는 과정은, 감정 표현의 다양성을 인식함으로써 친구의 감정도 품고 헤아릴 수 있는 마음의 여유 공간을 만들어 줍니다.

◆ 사회정서교육 포인트
감정을 음악으로 바꾸는 과정은 정서를 받아들이고 다스리는 경험을 제공하며, 친구의 음악을 추리하고 그 음악에 공감하는 시간은 관계 감수성을 높여 줍니다. AI가 만든 음악을 듣고 감정을 성찰하는 활동은 정서 안정과 자기 인식에 효과적입니다.

◆ 추천 놀이 타이밍
시험 같은 스트레스 상황 직후 활용하면 정서 정리에 도움이 됩니다. 상담 주간, 감정 주간, 학기 초 자기 이해 활동이나 학기 말 감정 정리 프로젝트로 활용하기에도 적합합니다.

놀이 방법

1 짝과 오늘 있었던 일 중 가장 좋았던 일, 가장 힘들었던 일을 서로 이야기합니다. 지금 자신의 감정을 떠올려 "오늘 아무도 내 말을 들어주지 않아서 외로웠어." 같은 짧은 문장으로 표현하고 활동지 1~3번을 작성합니다.

2 감정 문장을 AI SUNO에 입력하여 음악을 생성합니다. [새로운 노래]의 [가사] 칸에 학생들이 표현한 감정 문장을 적고, [최적화] 옵션을 선택하면 가사가 생성됩니다. 가사 창 맨 아래에 구체적인 감정이나 주제를 입력하면 거기에 맞게 가사를 조정할 수도 있습니다. 그다음 [스타일] 칸에 곡의 분위기나 장르를 입력하고 마지막으로 맨 아래 [만들기]를 클릭하면 노래가 생성됩니다. 다양한 음악을 들어 보고 자신에게 가장 잘 맞으면서 자기 조절에 도움이 되는 음악을 선택한 뒤 패들렛에 업로드합니다.

3 선택한 음악을 이어폰으로 조용히 감상하며 자신의 감정 흐름을 느껴 봅니다. 감상 후 활동지 4~6번을 작성합니다.

4 다른 친구들이 활동지를 작성하는 동안 패들렛에 업로드된 친구들의 음악을 자유롭게 감상합니다. 가장 마지막에 활동지를 작성하는 학생을 위해 별도의 청음 시간을 5분가량 배정합니다. 친구들의 음악을 들으면서 친구가 어떤 감정을 표현했을지 추리해 보고 그렇게 생각한 이유를 댓글로 남깁니다.

5 활동지 작성과 음악 감상이 모두 마무리되면, 작성한 활동지를 짝과 바꿔 읽고 서로의 감정 변화에 대해 이야기 나눕니다. 친구의 감정을 이해하고 위로하는 말을 주고받으며 마무리합니다.

풍성한 놀이를 위한 플러스 α

- 다른 친구의 음악을 듣고 누가 만들었는지 맞히는 모둠별 추리 게임으로 감정 이해의 폭을 확장할 수 있습니다.
- '불안' '설렘' 등 특정 감정을 주제로 정하면 집중적인 감정 표현 활동을 할 수 있습니다.
- 만들어진 음악에 그림이나 영상을 더해 감정 표현 뮤직비디오를 만들 수 있습니다.
- 친구, 가족, 선생님 등 나 외에 다른 사람을 위로하는 음악 제작하며 공감 능력을 기를 수 있습니다.

유의사항

- 감정 표현은 정답이 없다는 점을 강조하고, 학생들이 자신의 감정을 솔직하게 표현할 수 있도록 안전한 분위기를 조성합니다.
- 감정 문장은 짧고 진솔할수록 직관적으로 공감할 수 있고 음악 생성에도 효과적이므로, 과도한 분석이나 설명보다는 감정을 있는 그대로 드러낼 수 있도록 돕습니다.
- AI SUNO로 생성한 음악이 학생 기대와 다를 수 있음을 안내하고, 다양한 곡을 만들어 보며 자신에게 맞는 노래를 선택할 수 있도록 격려합니다.
- 음악 감상 중 감정이 북받치는 학생도 있을 수 있으므로, 이어폰을 사용하여 조용한 환경을 유지하게 하고, 감정이 격해지는 경우 잠시 쉬도록 배려합니다.
- 친구의 음악에 댓글을 쓸 때는 "좋아요!" 같은 단순한 감상평보다는 구체적인 공감과 격려의 메시지를 남기도록 지도합니다.

효과적인 수업 멘트

도입 어떤 날은 마음이 꽉 막힌 것처럼 답답하고, 말하고 싶지 않은 날도 있지? 오늘은 그런 마음을 음악으로 꺼내 보는 시간이야. 너희가 느낀 감정을 문장으로 쓰고, 그걸 음악으로 들어 볼 수 있어. 꼭 멋진 가사가 아니더라도 그냥 오늘 내 마음을 한 문장으로 쓰면 돼. AI SUNO는 너희의 마음을 음악으로 바꿔 줄 거야. 노래를 들으면서 '아, 이건 내 마음이구나!' 하고 느끼는 순간이 올지도 몰라. 이건 누가 평가하는 활동이 아니라, 나를 이해하고 돌보는 활동이야. 말보다 더 깊이 다가오는 음악을 통해, 오늘 우리 마음을 조용히 안아 보자.

마무리 오늘 너희가 만든 음악은 너희 마음이 들려주는 진짜 이야기였어. 누군가는 위로받았고, 누군가는 자기 마음을 처음으로 소리 내어 표현해 봤을 거야. 어떤 친구는 친구가 남긴 댓글 한 줄에 안 좋았던 감정이 풀리기도 했을 거고. 자기 조절은 참는 게 아니야. 오늘처럼 음악으로 감정을 다독이고, 마음을 조용히 바라보는 게 진짜 자기 조절이야. 선생님은 오늘 너희가 마음을 솔직하게 꺼내고, 음악으로 표현하고, 서로를 위로하는 모습이 참 자랑스러웠어.

── **활동지** ──

AI로 작곡하는 내 마음

1. 지금 내 감정은 어떤가요? (예: 슬픔, 걱정, 외로움, 기쁨 등)

   ....

2. 그 감정이 생긴 이유는 무엇인가요?

   ....

3. 이 감정을 담은 노래는 어떤 스타일이 좋을까요? (예: 발라드, 힙합, R&B, 잔잔한 피아노 연주곡 등)

   ....

4. AI SUNO로 만든 나의 노래에서 가장 위로받은 가사는 무엇인가요?

   ....

5. 노래를 듣고 나서 나의 기분은 어떻게 변했나요?

   ....

6. 친구가 노래를 듣고 남긴 응원의 댓글은 무엇인가요?

   ....

03
멈추는 힘을 기르는 가라사대

준비물 없음

놀이 정보
한눈에 보기

이 놀이는 단순한 명령 수행 놀이처럼 보이지만, '하고 싶은 걸 멈추는' 연습이 반복되면서, 충동을 다스리고 주의 집중력을 기르는 데 긍정적인 영향을 줍니다. 특히 실수한 친구들이 탈락자가 아니라 '관찰자'로서 계속 응원하는 구조는, 실수를 성찰 기회로 전환하는 긍정적인 분위기를 만들어 줍니다. 어떤 학생은 "멈춰야 하는 순간에 하고 싶은 걸 참았는데, 내가 감정을 조절할 수 있다는 걸 느끼니까 자신감이 생겼어요."라는 후기를 남겼습니다. 이 놀이는 감정을 억누르기보다 건강하게 표현하고, 충동을 이겨 내는 절제 속에서 자신을 돌보는 힘을 기르는 활동입니다.

◆ 사회정서교육 포인트
실수를 성찰 기회로 전환하며 자기 조절에 대한 긍정적 인식을 형성하고, 친구의 행동을 관찰하며 공감력도 함께 키웁니다.

◆ 추천 놀이 타이밍
쉬는 시간이나 체육수업 후처럼 에너지가 높을 때, 또는 수업 전후 감정 전환이 필요한 순간에 활용하면 좋습니다. 특히 감정 조절이 어려운 학생에게는 마음을 가라앉히고 회복할 수 있는 안정적인 활동이 되어 줍니다.

놀이 방법

1 '가라사대'가 붙은 지시만 따라 하고, 붙지 않은 말에는 움직이지 않습니다. 지시하는 말은 다음과 같이 구성할 수 있습니다.
   - 가라사대 기쁜 표정으로 짝과 하이파이브 하기
   - 가라사대 손바닥 모으고 "감사합니다" 크게 말하기
   - 화난 표정으로 "아, 싫어" 말하기 → "가라사대"가 없으므로 따라 하면 안 됩니다.
   - 팔짱 끼고 고개 돌리며 한숨 쉬기 → "가라사대"가 없으므로 따라 하면 안 됩니다.
   - 가라사대 웃으며 짝의 이름 부르고 "고마워" 전하기

2 실수한 친구는 '탈락자'가 아니라 '관찰자'가 되어 친구의 자기 조절을 살핍니다.

3 교사가 다양한 명령을 말하며 놀이를 진행합니다.

4 처음에는 쉬운 동작으로 시작하고, 점점 말투나 속도를 바꾸며 난도를 높입니다.

5 놀이가 끝난 후, 짝을 지어 자기 조절이 어려웠던 순간과 잘됐던 순간에 대해 이야기 나누며 정리합니다.

풍성한 놀이를 위한 플러스 α

- 진행 시 난이도를 조절하면 과열된 분위기를 가라앉히거나 흥미를 불러일으킬 수 있습니다. "지금 바로 박수!" "정말 신나지? 다 같이 뛰자!"와 같은 유혹 상황을 제시하면 학생들의 실수를 유발할 수 있습니다.
- "기쁜 표정 지어 보기" "화난 듯이 소리 지르기!"와 같은 다양한 감정 반응을 제시하면 학생들의 감정 표현도 풍부해집니다.
- "천천히 한 발 들어 균형 잡기" "달팽이처럼 앞으로 이동하기"와 같이 신체 속도를 조절하는 지시 역시 감정을 다스리고 현명하게 표현하는 법을 학습시킵니다.

유의사항

- 실수는 배움의 기회라는 점을 강조하고, 학생들이 실수를 통해 자기 조절을 더 깊이 이해할 수 있도록 안내합니다.
- 놀이 도중 실수한 친구가 위축되지 않도록 적극적인 학습자로서 관찰자 역할을 부여합니다. 즉 탈락자가 되었더라도 아직 놀이 중인 친구가 어떤 전략을 사용해 충동을 멈추는지, 자신이었으면 어떻게 놀이했을지 떠올리며 학습의 주체로 참여하는 것입니다.
- '가라사대' 지시 여부를 정확히 듣고 판단할 수 있도록 명확한 어투를 사용하고, 놀이 초반부에는 간단한 동작으로 적응하도록 합니다.
- 놀이에 익숙해질수록 명령의 속도, 말투, 감정 표현을 다양화하되, 학생들의 수준에 맞춰 적절히 난이도를 조절합니다.
- 경쟁보다 성찰이 강조될 수 있도록 '누가 오래 버텼는가?'가 아니라 '언제 멈췄고, 왜 멈췄는가?'에 주목하는 분위기를 형성합니다.

효과적인 수업 멘트

도입 오늘은 '가라사대' 놀이를 할 거야. 누가 지시를 해도 '가라사대'라는 말이 앞에 붙어야 따라 하는 거야. 이 놀이에서 중요한 건 얼마나 빨리, 많이 움직이느냐가 아니야. '내가 지금 제대로 듣고 있나?' '지금 멈춰야 할까?' 하고 잠깐이라도 생각해 보는 순간이 중요해. 실수해도 괜찮아. '실수했으니 탈락'이 아니라, 친구들을 유심히 관찰할 수 있는 역할을 맡게 되는 거니까. 오늘은 내 마음이 움직이려는 순간을 알아차리는 연습을 해 보자.

마무리 어땠어? 쉬운 것 같으면서도 멈추는 게 쉽지 않았지? 가끔은 '가라사대'를 놓치기도 하고, 생각보다 빨리 따라 하기도 했을 거야. 그냥 반사적으로 움직이는 게 익숙한 우리가, 한 번 더 생각하고 움직이는 연습을 해 본 거지. 오늘 놀이를 하면서 너희가 보여 준 조절력, 집중력, 그리고 실수한 친구를 향한 배려까지, 선생님은 그게 다 멋지다고 느꼈어. 자기 조절은 완벽하게 참는 게 아니야. 실수하고, 잠시 멈추고, 다시 해 보는 과정을 거치며 점점 더 내 마음을 다스리는 힘이야.

04
감정 카드로 떠나는 여행

준비물 활동지, 감정 카드(스트레스 컴퍼니), 이미지 프리즘 카드 대형(학토재)

놀이 정보
한눈에 보기

이 놀이는 감정을 인식하고 상황에 맞게 조절하는 힘을 길러 주는 놀이로, 감정을 표현하기 어려워하는 학생들에게 감정을 밖으로 꺼내고, 어떻게 다룰지 선택하는 연습의 장이 됩니다. 이때 감정 카드는 학생의 마음 상태를 안내하고, 이미지 카드는 그 감정을 가라앉히거나 전환할 수 있는 심상을 보여 줍니다. 혼자서는 격해진 감정을 조절하기 어렵지만, 카드를 매개로 친구와 대화하다 보면 자연스럽게 숨 고르기, 생각 전환, 긍정 언어 사용 같은 조절 전략을 실천하게 됩니다. 그러므로 감정이 행동을 지배하지 않도록 멈추고, 선택하고, 다스리는 자기 조절 훈련이 될 수 있습니다.

◆ 사회정서교육 포인트
감정을 인식하고 그것을 언어로 표현하며, 적절한 자기 조절 전략을 탐색하는 데 도움을 줍니다. 감정과 이미지를 연결하고 소통하는 과정에서 감정 흐름을 정리하고, 자기 조절력과 공감 능력을 함께 기릅니다.

◆ 추천 놀이 타이밍
아침 등교 직후나 수업 전후에 감정을 정돈하는 시간으로 적합하며, 친구와 갈등이 있거나 아침에 표정이 어둡고 눈에 띄게 말수가 주는 등 감정 표현이 어려워 보이는 날에 활용하면 효과적입니다. 학기 초 관계 형성, 학기 말 감정 정리에 유용합니다.

놀이 방법

1 오늘의 기분을 감정 카드에서 1장 고른 뒤 짝에게 보여 줍니다.

큰 사이즈의 이미지 프리즘 카드(출처: 학토재 행복가게)

2 감정에 대해 간단히 이야기하고, 짝은 감탄사 같은 짧은 반응과 함께 공감하며 경청합니다.

3 최근 기분 좋았던 일과 힘들었던 일을 하나씩 떠올립니다.

4 각각에 어울리는 이미지 카드를 1장씩 고른 뒤, 그 일들이 떠오른 이유와 그때 느꼈던 감정을 한 편의 이야기로 들려줍니다.

5 짝은 친구의 이야기를 들은 뒤, 공감의 말을 건넵니다. 그리고 감정 카드나 이미지 카드 중에서 친구의 상황에 도움이 될 것 같은 카드 1장을 골라 선물합니다.

6 카드를 건네며 이 카드가 줄 수 있는 조절 효과를 간단히 설명합니다. 예를 들어 "이 카드는 마음을 차분하게 해줄 거예요." "이 이미지는 기분을 전

환하는 데 좋아요."와 같이, 카드가 어떻게 감정 조절에 도움이 될 수 있는지 안내합니다.

7 친구가 준 카드에 대해 설명 듣고 잠시 자신을 돌아보며 오늘의 감정 다짐을 작성합니다.

8 활동을 마무리하며 느낀 감정을 한 단어로 표현하고, 놀이를 통해 배운 감정 조절 방법과 친구의 말 중 인상 깊었던 내용, 앞으로 실천하고 싶은 다짐을 자유롭게 적습니다.

풍성한 놀이를 위한 플러스 α

- 대화를 시작하기 전에 가위바위보를 합니다. 이긴 사람이 먼저 말하는 역할을 맡고, 진 사람은 듣는 역할을 맡습니다. 이렇게 역할을 분명히 나누면 서로의 말에 더 집중할 수 있고, 자연스럽게 경청하는 태도를 기를 수 있습니다.
- 모둠 활동으로 확장하면 감정과 조절 방법에 대한 이야기를 더 풍성하게 나눌 수 있습니다. 이때 '토킹 스틱'을 사용하면 말할 차례가 정해져 대화 흐름이 끊기지 않고 유지됩니다. 필요에 따라 학급 전체 활동으로 넓히면, 다양한 감정 표현과 공감의 경험을 더욱 깊이 있게 나눌 수 있습니다.
- 활동지 없이 진행할 때는 한 사람이 자기 감정과 그런 감정을 느끼게 된 상황을 설명한 뒤, 짝이 감정 조절에 도움 될 만한 한마디를 건네는 방식으로 운영할 수 있습니다.
- '아~오!' 기법을 추가하여 경청하는 태도를 익힐 수 있습니다. 친구가 말하는 동안 다른 학생들은 끼어들지 않고, "아~", "오!" 같은 부드러운 감탄사와 고개 끄덕임, 시선 맞춤 같은 비언어적 반응을 보이도록 합니다. 이렇게 놀이를 한 번 진행하고 나면 이후에는 '아~오!' 기법을 적용하지 않아도 자연스럽게 경청하는 태도를 내면화할 수 있습니다.

유의사항

- 친구에게 감정 조절 카드를 건넬 때 '고쳐야 해'가 아닌 '이 방법도 도움이 될 수 있어' 마음이 전달될 수 있도록 적절한 말하기를 지도합니다.
- 활동의 중점은 짝과 나눈 대화에 있으므로 듣는 데 집중한 학생들도 활동의 주체임을 인정해 줍니다.
- 교사는 학생들이 감정을 다루는 태도와 친구와의 대화 속에서 보이는 공감, 수용, 조절 전략 등을 세심히 관찰하고 긍정적으로 피드백합니다.

효과적인 수업 멘트

도입 오늘은 우리 마음을 함께 여행해 볼 거야. 내가 요즘 느꼈던 기분을 떠올리고, 왜 그런 마음이 들었는지 이야기해 보는 시간이야. 말로 표현하기 어려운 감정도 카드를 활용하면 훨씬 쉽게 표현할 수 있어. 물론 멋지게 말하지 않고, 있는 그대로의 너의 마음을 이야기해 주는 것만으로도 충분해.

마무리 오늘 감정 여행을 해 보니까 어땠어? 이렇게 내 감정을 돌아보고, 누군가에게 건네는 건 쉬운 일이 아니야. 하지만 오늘 우리는 그걸 해냈고, 그 속에서 서로를 조금 더 이해하게 되었어. 오늘처럼 내 감정을 마주하고, 그 감정을 잘 다스릴 수 있는 나만의 방법을 하나씩 찾아가 보자. 그리고 친구의 이야기에 귀 기울여 주는 너희의 태도도 정말 멋졌어.

활동지

감정 카드로 떠나는 여행

도입	· 감정 카드 1장 고르기 & 짝과 현재 감정에 대해 이야기하기
전개	· 좋았던 일 카드 & 이야기 · 힘들었던 일 카드 & 이야기 · 친구의 공감 한마디 · 친구가 골라 준 조절 카드 & 이유 · 나의 감정 다짐 쓰기
정리	· 오늘 느낀 감정 한 단어 · 배운 감정 조절 방법 · 친구의 인상 깊은 말 · 앞으로의 실천

05
멈추면 마음이 보이는 무궁화꽃

준비물 없음

놀이 정보
한눈에 보기

이 놀이는 순간적인 충동을 억누르고 감정을 인식 및 표현하는 힘을 기르는 활동입니다. '무궁화꽃이 피었습니다' 놀이는 빨리 달려서 도착점에 도달하는 놀이지만, 여기서는 오히려 '멈추는 순간'이 핵심입니다. 친숙한 놀이 규칙에 감정 표현 요소가 더해지면서, 멈춰야 할 때마다 자신의 마음을 먼저 살피고, 그것을 몸으로 드러내는 연습을 하게 됩니다. 기쁨, 분노, 슬픔, 놀람 등 다양한 감정을 표현하며 멈추는 경험은 단순한 정지가 아니라 감정과 행동 사이에 '생각의 여유'를 만드는 자기 조절 훈련이 됩니다. 이 활동은 충동에 휘둘리기보다 감정을 먼저 인식하고, 표현 후 적절한 행동을 선택하도록 돕습니다. 그렇게 만들어진 멈춤의 순간들이 모여 자기 조절 역량을 강화합니다.

◆ **사회정서교육 포인트**
감정을 비언어적으로 표현하고 성찰하는 과정을 통해 감정 자각력과 자기 표현력이 함께 길러집니다.

◆ **추천 놀이 타이밍**
체육 교과 수업이나 놀이 직후 들뜬 분위기를 진정시켜야 할 때 활용하면 좋습니다. 학기 초 감정 표현과 관계 형성, 갈등 후 긴장 완화 활동으로도 효과적입니다.

놀이 방법

1 가위바위보, 제비뽑기 등 자유로운 방식으로 술래를 1명 정합니다.

2 술래가 감정 단어를 하나 제시합니다(기쁨, 짜증, 당황, 놀람 등).

3 나머지 학생은 그 감정을 어떤 동작으로 표현할지 정합니다. 감정 동작은 각자 자유롭게 정하며, 매번 달라져도 괜찮습니다.

4 술래와 참가자 사이의 놀이 방법은 기존의 '무궁화꽃이 피었습니다'와 동일합니다.

5 술래가 돌아봐서 멈출 때는 술래가 제시한 감정 단어를 자신이 정한 동작으로 표현하며 멈춰야 합니다. 예를 들어, '기쁨'이라면 '두 팔을 머리 위로 활짝 벌리고 환하게 웃는 표정'을 지을 수 있고, '불안'이라면 '어깨를 움츠리고 양팔을 가슴 앞에 모은 움츠린 자세'를 취할 수 있습니다.

6 표현이 불분명하거나 몸이 움직였다고 판단되면 술래 뒤에 새끼 손가락을 걸고 줄을 섭니다.

7 가장 먼저 뒤돌아 있는 술래를 터치하면 생존자로 남고, 나머지 친구들은 새끼손가락을 풀고 출발선으로 도망갑니다.

8 도망가는 도중 술래에게 잡히면, 잡힌 친구가 다음 술래가 됩니다.

9 한 회차가 끝나면 해당 감정을 그런 동작으로 표현한 이유가 무엇인지, 표현하면서 어떤 기분이 들었는지, 행동할 때 멈추기 어려웠던 순간이 있었는지 짝을 지어 대화 나눈 뒤, 자연스럽게 다음 회차로 이어 갑니다.

> **풍성한 놀이를 위한 플러스 α**
>
> - 술래가 감정 2가지를 제시하도록 바꿀 수 있습니다. 그러면 참가자는 그중 하나를 선택해 동작으로 표현합니다. 활동 후 짝과 해당 감정을 선택한 이유가 무엇인지 이야기 나누며 자기 이해를 넓힐 수 있습니다.
> - 놀이 도중 술래가 특정 친구를 지목하여 다른 모든 참가자가 그 친구의 감정 동작을 따라 하도록 합니다. 이 과정을 통해 서로의 감정을 관찰하고 공감하는 연습을 할 수 있습니다.

유의사항

- 같은 감정이라도 동작은 매번 달라질 수 있음을 안내하고, 가능하면 다양한 방식으로 표현해 보도록 자연스럽게 권유합니다.
- 다른 친구의 감정 표현을 놀리거나 흉내 내지 않도록 사전 안내를 철저히 합니다.
- 감정 표현을 어려워하는 학생은 놀이를 관찰하거나 놀이 후 대화에만 참여하여 간접적으로 함께할 수 있도록 배려합니다.
- 활동 후 감정 대화 시간은 단순한 질의응답 시간이 아니라 각자 경험을 되돌아보는 성찰 시간이므로 충분히 확보합니다.
- 놀이를 반복할수록 일어나는 모든 변화를 인정하고 격려하는 성장 중심의 관점으로 지도합니다.

효과적인 수업 멘트

도입 오늘은 '무궁화꽃이 피었습니다' 놀이를 조금 다르게 해 볼 거야. 술래가 감정을 하나 말하면, 여러분은 멈출 때 그 감정을 몸으로 표현하면서 멈추는 거지. 기쁨이라면 어떤 동작이 될 수 있을까? 슬픔은? 같은 감정이라도 표현은 모두 다를 수 있어. 그럼 지금부터 다양한 감정 표현과 멈춤에 집중하며 놀이해 보자.

마무리 오늘은 감정을 표현하면서 멈추는 연습을 해봤어. 달리고 싶은 마음을 참고, 감정을 떠올리고, 그걸 몸으로 표현하면서 감정과 충동 사이에 잠깐 멈추는 여유를 만들었어. 앞으로 감정이 커질 때도, 지금처럼 잠깐 멈춰서 표현하는 연습을 계속하다 보면 더 단단한 마음과 자기 조절의 힘을 가지게 될 거야.

06
나만의 리듬을 찾는 멈춤 타이밍

준비물 타이머

놀이 정보
한눈에 보기

이 놀이는 충동을 멈추고 내면의 감각에 집중하는 활동입니다. 평소 "수업 시간 얼마나 남았어요?"라고 묻는 데 익숙한 학생들이, 이 놀이에서는 교실에 걸린 시계 대신 자신의 마음속 시계에만 의지합니다. 선생님의 '30초 후 손 들기'라는 안내에 따라, 아이들은 눈을 감고 편안한 자세로 시간을 셉니다. 중요한 것은 정확히 30초를 맞히는 것이 아니라 30초를 느끼고 기다리는 과정입니다. 라운드가 진행될수록 30초보다 빨리 손 든 그룹은 전보다 늦게, 늦게 손 든 그룹은 전보다 빨리 손을 들어 보며 자기 조절 전략을 직접 적용합니다. 학생들은 '멈춤 타이밍'을 찾으며 충동을 조절하는 감각과 자기 속도를 믿는 힘을 익히게 되고, 작은 멈춤의 연습이 쌓여 속도를 조절하고 기다리는 태도로 이어집니다.

◆ 사회정서교육 포인트
자기 내면의 리듬에 집중하도록 유도하여 감정과 행동 사이의 여백을 인식하게 합니다. 이를 통해 아이들은 충동을 조절하고, 남과 비교하지 않으며 자신만의 감각을 신뢰하는 자기 조절 역량을 기르게 됩니다.

◆ 추천 놀이 타이밍
정서적 안정이 필요한 아침 시간이나 활동 후 전환 시점에 적합합니다. 경쟁이나 속도에 지친 학급 분위기를 잠시 멈추고, 마음을 정돈하는 시간으로 활용할 수 있습니다.

놀이 방법

1 교사는 30초나 1분 등 학생들이 속으로 재야 하는 시간을 제시합니다. 학생은 눈을 감거나 책상에 엎드려 자신이 집중하기 편한 자세를 취합니다.

2 학생은 속으로 초를 세다가 해당 시간이 되었다고 느껴질 때 조용히 손을 듭니다.

3 교사는 실제 제시한 시간보다 약간 늦게 "그만!"을 외쳐 반사적으로 손을 들어 30초를 맞추지 못하도록 합니다.

4 학생들이 손 든 시간과 정답 시간을 비교한 뒤, 가장 정확한 학생이 다음 라운드 진행자가 되어 시간을 제시합니다. 이때 교사는 'ㅇㅇ시 ㅇㅇ분'이라는 시간을 지정하고 타이머를 활용하여 지정 시간에 가장 근접하게 손을 든 학생만 파악합니다. 이후에는 직전 라운드에서 가장 정확하게 시간을 맞힌 학생이 새로운 진행자가 되어 해당 라운드의 정답 시간을 정합니다.

5 타이밍 분석 시간에는 손을 든 시점에 따라 손을 빨리 든 그룹과 늦게 든 그룹으로 나눕니다. 각 그룹은 "왜 빨랐는지" 또는 "왜 늦었는지" 서로의 짤막한 이야기를 들으며 다음 라운드에서는 빠른 그룹은 더 늦게, 느린 그룹은 더 빨리 손을 들도록 노력합니다. 예를 들어, 빠른 그룹은 평소 세던 초 사이에 의도적으로 호흡을 넣어 간격을 늘일 수 있고, 느린 그룹은 신나는 노래 박자를 떠올리며 거기에 맞춰 초를 셀 수 있습니다. 이런 과정에서 모든 학생은 자기 조절 전략을 실제로 적용하고 익히는 연습을 합니다.

6 라운드가 끝난 뒤, 각 그룹은 새로 시도한 전략이 얼마나 효과가 있었는

지, 이번 경험이 자기 조절에 어떤 도움이 되었는지를 이야기하며 활동을 마무리합니다.

풍성한 놀이를 위한 플러스 α

- 놀이 시작 전에 '시계 없이 비밀 작전을 수행 중인 요원'이라는 상황극을 제시하면, 아이들의 몰입도가 자연스럽게 높아집니다.
- 손 들기 대신 특정 표정 짓기, 점프하기 등 다양한 동작을 추가하면 신체 표현력과 집중력을 함께 키울 수 있습니다.
- 음악을 활용해 음악이 멈춘 후 몇 초가 지났는지 추측하는 방식으로 확장하면, 청각 자극을 통해 시간 감각과 자기 조절 능력을 더욱 풍부하게 자극할 수 있습니다.

유의사항

- 아이들이 시간을 맞추는 '정확성'보다는 자신만의 리듬을 인식하고 조절해 보려는 '과정과 태도'에 집중해 칭찬합니다.
- 손을 제때 들지 못한 친구를 놀리지 않도록 활동 전부터 각자의 마음속 시계는 다르다는 메시지를 반복적으로 강조합니다.
- 조급하거나 불안하여 자꾸 손을 빨리 드는 학생에게는 "지금 속도로도 괜찮아. 너만의 시간을 믿어 보자!"라는 말을 자주 건네며 안정감을 줍니다.
- 활동 전후에 '마음속 시계'라는 은유적 표현을 반복적으로 사용하면, 자신의 내면 리듬에 집중하기 쉬워집니다.

효과적인 수업 멘트

도입 우리 마음속에 보이지 않는 시계가 하나씩 있다고 생각해 보자. 오늘은 그 시계를 믿고 기다려 보자. 누가 더 정확하느냐가 아니라, 얼마나 내 감각을 믿고 차분히 기다릴 수 있는지가 더 중요한 놀이야. 정확히 맞히려고 하지 말고, 그냥 지금의 나를 느껴 보는 게 오늘의 목적이야.

마무리 우리는 평소에 남들과 속도를 비교하거나, 빨리 해야 한다는 마음에 쫓길 때가 많지. 그런데 오늘처럼 조용히 내 마음의 시계를 느껴 보는 시간은 우리에게 기다림의 힘을 알려 줘. 우리 마음속 속도를 믿고, 일상에서도 천천히 나를 들여다보는 연습을 해 보자. 그게 바로 자기 조절의 첫걸음이야.

07
마법의 되감기 버튼

준비물 활동지, 필기도구

놀이 정보
한눈에 보기

이 놀이는 감정이 앞서서 말이나 행동이 잘못 나왔던 순간을 돌아보며, 감정을 조절하고 더 나은 반응을 상상해 보는 활동입니다. 학생들은 화가 나서 목소리가 커졌던 경험, 긴장해서 제대로 말하지 못했던 경험, 기대감에 허둥지둥 행동했던 경험 등 되감아 수정하고 싶은 장면을 떠올립니다. 그때의 감정과 반응을 활동지에 정리한 뒤 친구의 조언을 듣고 자신의 다짐을 완성해 갑니다. 이 과정은 감정을 억누르거나 숨기는 것이 아니라, 감정을 있는 그대로 바라보며 조절할 수 있다는 가능성을 경험하게 합니다. 따라서 이 놀이는 감정을 통제하기보다 감정을 인식하고 조절하는 방법을 자연스럽게 익히게 합니다.

◆ 사회정서교육 포인트
이 놀이를 통해 학생들은 감정적으로 반응했던 순간을 되돌아보며, 친구의 조언을 듣고 자신의 감정을 다시 조명합니다. 이런 과정에서 감정 회복력과 자기 성찰력이 함께 자랍니다.

◆ 추천 놀이 타이밍
어버이날, 스승의 날, 친구 사랑 주간과 같이 특별한 의미가 담긴 시기에 진행하면 효과적입니다. 그때의 장면으로 되돌아가는 상상을 통해 감정을 떠올리고 정리할 수 있어, '마음을 담은 편지 쓰기' 활동으로 자연스럽게 이어지기 좋습니다.

놀이 방법

1. 교사는 자신의 되감아 수정하고 싶은 경험을 예시로 들며, 당시 감정을 조절했더라면 결과가 어땠을지 상상하여 이야기합니다.

2. 학생들은 교사의 예화를 참고하여 되돌아가고 싶은 장면을 떠올리고, 이를 활동지에 그림이나 글로 표현합니다.

3. 작성이 완료되면 친구 2명을 차례로 만나 활동지를 보여 줍니다. 활동지를 본 친구는 조언해 주고 싶은 상황 하나를 동그라미로 표시한 뒤, 그 순간으로 돌아가는 상상을 하며 과거의 친구에게 감정 중심의 조언을 합니다.

4. 조언을 들은 학생은 '비슷한 상황을 맞닥뜨렸을 때 앞으로 나는 어떻게 하고 싶은지'를 활동지 뒷면에 한 문장으로 정리합니다.

5. 친구의 말 중 가장 기억에 남는 문장과 느낀 점을 활동지 앞면 아래에 적습니다.

6. 활동을 마무리하며, 원하는 학생은 발표하거나 활동지를 교실에 전시하여 친구들과 자신의 되감고 싶은 순간과 앞으로의 결심을 공유할 수 있습니다.

풍성한 놀이를 위한 플러스 α

- 전시된 결과물을 보면서 응원의 댓글을 다는 피드백 활동을 할 수 있습니다. 가장 공감되는 되감기 상황을 소재로 짧은 교육 연극을 만들 수 있습니다.
- 과거의 친구에게 감정 중심 조언을 할 때 역할극을 접목할 수 있습니다. 실제로 과거에 돌아간 것처럼 연기하면 몸짓, 표정, 말투를 통해 감정이 더 생생히 전달될 수 있습니다.
- 활동을 '그때의 나에게 인터뷰하기' 형식으로 바꾸면 더 몰입도 있는 대화가 가능해집니다. 친구와 짝을 이뤄 "그때 어떤 감정이었어?" "사실은 어떻게 하고 싶었어?"와 같은 질문을 주고받으며 감정 중심의 성찰을 깊이 있게 이어 갈 수 있습니다.

유의사항

- 되돌아보고 싶은 순간이 반드시 실수나 후회의 순간일 필요는 없습니다. 감정적으로 의미 있는 순간이라면 어떤 장면이든, 충분히 활동의 출발점이 됩니다.
- 친구의 조언이 훈계나 지적처럼 들리지 않도록 활동 전에 "그때의 너였다면 어떤 말을 듣고 싶었을까?"라는 질문을 함께 생각하며 감정 중심의 따뜻한 언어를 준비할 수 있도록 도와줍니다.
- 조언을 받는 학생도 공감의 대화를 주고받도록, 친구의 말에 "나도 그런 적 있어." "그 기분 알 것 같아." 같은 말을 통해 자연스럽게 서로 의견을 교환할 수 있는 분위기를 만듭니다.
- 활동 결과를 발표하거나 전시하는 것은 선택 사항임을 분명히 안내하고, 각자의 다짐은 마음에 담아 가는 것이 더 중요하다고 말합니다.

- 활동을 마무리할 때는 조용한 음악과 함께 차분히 자신의 생각을 정리하도록 충분한 시간을 제공합니다. 이 시간이 감정 성찰과 자기 조절로 이어지는 중요한 연결 지점이 됩니다.

효과적인 수업 멘트

도입 오늘은 되돌아가면 좋겠다고 느꼈던 순간으로 돌아가 볼 거야. 그때의 나를 떠올리고, 다시 그런 상황이 온다면 어떻게 해 보고 싶은지도 함께 떠올려 볼 거야. 친구들의 따뜻한 조언도 들으면서, 앞으로 더 나은 나를 상상해 보자.

마무리 우리는 과거를 바꿀 수는 없지만, 그때를 돌아보며 지금의 나를 새롭게 다듬을 수 있어. 오늘 너희가 적은 다짐과 친구의 조언은 앞으로의 선택에 작은 힌트가 되어 줄 거야. 서두르지 않아도 괜찮아. 오늘처럼 천천히 나를 돌아보고, 어떤 모습으로 성장하고 싶은지 정하는 연습을 계속해 보자.

―― 활동지 ――

마법의 되감기 버튼

친구는 다시 그때로 돌아가는 마법을 쓸 수 있어요!
마법의 힘을 빌려 친구 2명에게 2가지 조언을 받아 봅시다!

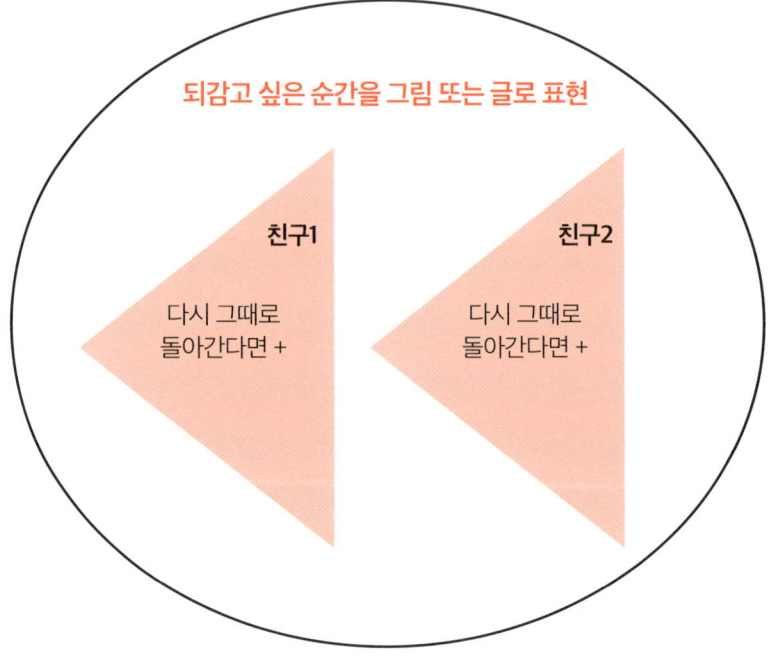

친구의 말 중 기억에 남은 문장과 느낀점

08
침묵의 캐치마인드

준비물 활동지, 필기도구

놀이 정보
한눈에 보기

이 놀이는 그림과 글만으로 소통하는 비언어적 감정 표현 활동입니다. 모둠 대표 학생은 주어진 단어를 그림으로만 표현하고, 나머지 모둠원은 제한된 횟수 안에서 말없이 글로만 정답을 추리합니다. 이 놀이를 통해 학생들은 말하고 싶은 답답함을 눌러, 차분한 마음으로 그림을 해석하며 자신의 속도, 즉 어떤 생각이 떠올랐을 때 반사적으로 행동하려는 속도를 조절합니다. 그림으로 마음을 전하고 친구의 표현을 존중하며 해석하는 과정은 감정 조절은 물론 관계 감수성과 집중력도 함께 길러 줍니다.

◆ **사회정서교육 포인트**
말하지 않고 기다리며 표현의 실마리를 읽어 내는 과정은 충동 조절력과 인내력, 비언어적 공감 능력을 함께 키워 줍니다.

◆ **추천 놀이 타이밍**
미술 수업과 연계해 창의적 표현 활동으로 활용하면 좋습니다. 금요일처럼 주말을 기대하며 차분하게 하루를 마무리 짓는 시간이나 방학 전 설레는 분위기 속에서 집중력을 높이고 싶을 때 효과적입니다. 또한 운동회나 학예회처럼 배려와 협력이 필요한 학교 행사를 앞두고 관련 단어를 활용하면, 놀이를 통해 자연스럽게 행사 주제에 몰입하고 협력하는 분위기를 조성할 수 있습니다.

놀이 방법

1 4인 1조로 모둠을 구성하고, 대표 1명을 정합니다.

2 교사는 대표에게만 SEL 관련 단어를 전달합니다. SEL 관련 단어로는 배려, 인내, 공감, 협력, 용기 등이 있습니다.

3 대표는 침묵한 상태로 그림으로만 단어를 표현합니다. 이때 글자, 숫자, 기호는 사용할 수 없습니다.

4 나머지 모둠원도 돌아가며 침묵한 상태로 추측한 정답을 활동지에 씁니다. 1인당 3회까지만 시도할 수 있습니다.

5 정답을 맞히면 모둠원 전체가 "짝짝짝 ○모둠!"이라고 구호를 외치며 머리에 손을 얹습니다. 구호와 동작까지 정확히 취하면 활동이 완료된 것으로 간주하고 차례로 등수가 인정됩니다.

6 첫 번째 라운드는 추리 횟수 제한 없이 연습 게임으로 진행하여 규칙에 익숙해지도록 합니다.

7 다음 라운드부터 대표를 바꿔 가며, 모든 학생이 최소 한 번씩 대표 역할을 하도록 합니다.

8 모든 라운드가 끝나면 각 모둠은 그림을 다시 보며 정답을 유추할 수 있었던 결정적인 부분에 동그라미 표시를 하고, 출제자에게 구체적인 칭찬 한 마디를 전합니다.

> **풍성한 놀이를 위한 플러스 α**
>
> - 시간이 지난 후 다시 그림을 보고 어떤 단어를 표현했었는지 맞히는 '거꾸로 침묵의 캐치 마인드'를 진행할 수 있습니다. 이는 학생들의 기억력을 자극하고 활동의 연결감을 자연스럽게 이을 수 있습니다.

유의사항

- '말하지 않기'는 놀이의 핵심이므로 꼭 지켜지도록 하되, 실수로 말이 나왔을 때는 웃으며 다시 시작할 수 있도록 여유 있는 분위기를 만드는 것이 중요합니다.
- 그림을 그리는 출제자가 부담을 느끼지 않도록, 격려하는 말로 용기를 주고, 그림에 담은 진정성을 중심으로 칭찬합니다.
- 그림 속에서 어떤 힌트를 발견했는지 물어보며, 다양한 해석이 존재함을 확인하고 그런 해석을 장려하는 분위기를 조성합니다. "이 부분이 ○○처럼 보여서 그렇게 생각했구나."처럼 각자의 시선을 존중하는 피드백을 통해 추리력과 관찰력을 자연스럽게 키웁니다.

효과적인 수업 멘트

도입 오늘은 말은 절대 하지 않고, 오직 그림과 눈빛, 그리고 마음으로만 단어를 맞히는 놀이를 할 거야. 말로 표현하고 싶어서 답답할 수도 있고, 정답이 떠올라서 바로 말하고 싶을지도 몰라. 하지만 그럴수록 '멈추고 기다리는 힘'이 길러질 거야. 조용한 집중 속에서, 어떻게 친구와 마음을 나눌 수 있을지 오늘 한번 경험해 보자.

> **마무리** 오늘 우리는 침묵 속에서 협력했어. 바로 말하지 않고 기다리는 힘, 내가 떠올린 단어가 맞는지 확신이 없어도 침착하게 지켜보는 힘, 그림을 통해 친구의 마음을 헤아리는 힘. 그 모든 순간이 바로 자기 조절이었어. 말보다 조용한 집중이 더 큰 연결을 만들어 준다는 걸 오늘 느꼈다면, 너희의 마음이 한 뼘 더 자란 거야.

— 활동지 —

침묵의 캐치마인드

정답

그림

09 흔들려도 견뎌 내는 중심잡기

준비물 활동지, 필기도구, 중심 잡기 3종 세트(학토재)

놀이 정보 한눈에 보기

이 놀이는 반복되는 실패와 도전을 통해 감정과 행동을 조절하는 힘을 기르는 활동입니다. 린스틱, 우드코인, 골프공 같은 교구를 활용합니다. 안정적인 모양이 아니라서 균형을 맞추려는 도전은 대부분 실패하지만, 시도하는 과정에서 학생들은 실망, 분노, 긴장과 같은 감정을 자연스럽게 경험하고, 재도전하는 과정에서 감정을 다스리는 법을 익히게 됩니다. 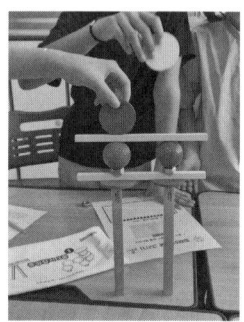"계속 쓰러졌는데 다시 해 보니 중심이 잡혔어요. 포기하지 않길 잘했어요."라는 학생의 후기처럼, 이 놀이는 흔들리는 감정 속에서도 균형을 찾아가는 자기 조절의 든든한 밑거름이 됩니다.

◆ 사회정서교육 포인트
균형을 유지하려고 할 때마다 동요하는 감정을 마주하고, 실패를 견디며 집중을 이어 가는 과정은 감정 회복력과 회복탄력성, 자기 격려 능력을 함께 길러 줍니다.

◆ 추천 놀이 타이밍
수학 교과 도입부에서 집중력을 높이고, 실패에 대한 두려움을 줄이도록 하는 데 효과적입니다. 도덕 교과에서 '실패와 성장'과 관련된 수업을 할 때에도 자연스러운 활동이 될 수 있습니다. 또한 학급 분위기가 다소 가라앉았을 때, 미션을 통해 도전의 재미를 더하고, 일정 수준에 도달하면 보상을 제공하는 방식으로 학급 분위기를 끌어올리는 데도 도움이 됩니다.

놀이 방법

1. 4인 1조로 모둠을 구성하고, 교구별 도전자를 선정합니다. 린스틱 사용자 1명, 골프공 & 너트 사용자 2명(2인 1조), 우드코인 사용자 1명을 정하면 됩니다. 만약 3인 1조 모둠일 경우 골프공 & 너트 사용자를 1명으로, 5인 1조 모둠일 경우 난도 높은 린스틱을 2명이 담당할 수 있습니다. 교구별 도전자가 정해지면 각 미션 구조와 규칙을 함께 숙지합니다. 교구별 미션 구조와 단계별 규칙은 다음과 같습니다.

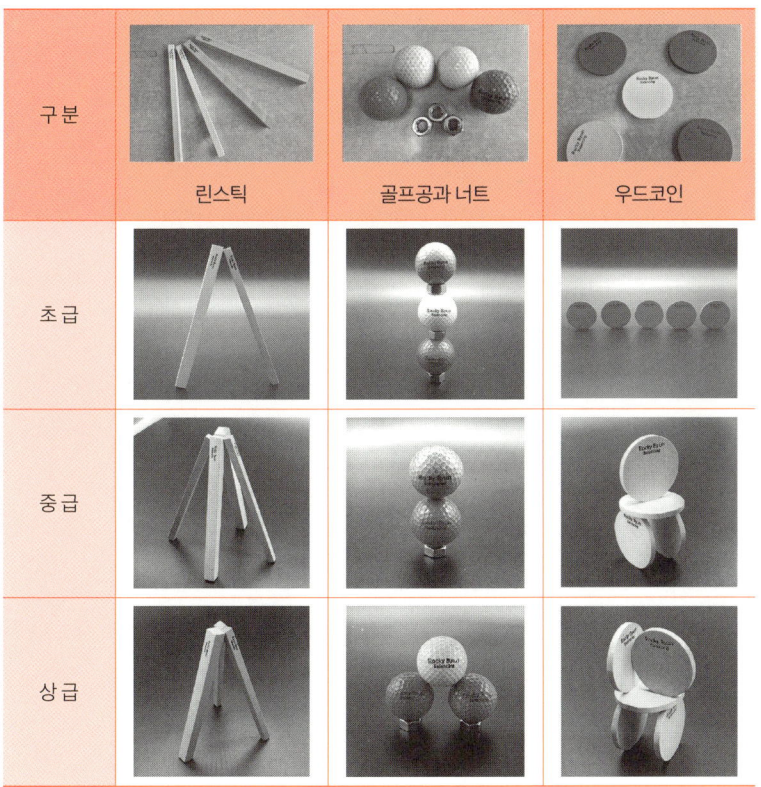

출처: 학토재 행복가게

2 교사의 신호에 따라 담당자별로 미션에 도전합니다. 구조물을 순차적으로 완성하고 5초 이상 유지하면 성공입니다. 실패해도 무제한 재도전이 가능하고 모둠원간 담당 교구 변경이나 도움 요청도 자유롭게 할 수 있습니다.

3 10분~15분 정도 활동 시간이 지나면, 모든 교구를 활용해 특정한 감정을 표현하는 창의적인 구조물을 설계하도록 합니다. 완성된 구조물에 이름을 붙이고 그 감정과 의미를 모둠별로 정리합니다. 이때 구조물은 앞선 활동과 마찬가지로 위로 쌓되 균형을 유지해야 합니다.

4 모둠별로 완성한 구조물을 촬영해 패들렛에 공유하고, 설계 과정, 감정 변화, 느낀 점을 발표하며 자기성찰 활동으로 확장합니다.

5 마지막으로 활동지를 통해 이번 활동에서 느낀 점, 아쉬웠던 점, 자기 조절과의 관련성, 배운 점, 앞으로 실천할 자기 조절 방법 등을 정리합니다. 몇 번이나 쓰러졌는지, 그때 어떤 기분이었는지, 어떤 말이 힘이 되었는지 등을 중심으로 이야기 나누며 감정 조절 방법과 실패 회복력을 자기 언어로 확인합니다.

한 학생의 활동지를 보면, 중심 잡아 놓은 교구가 계속 쓰러져서 아쉬웠지만, 쓰러뜨릴 때마다 다시 할 수 있다는 마음을 다잡았다고 합니다. 자기만의 자기 조절 방법에서 볼 수 있듯이, 여러 번 실패해서 화가 났을 때 잠시 멈추고 숨 고르는 법을 구체적인 실천법으로 선택했습니다. 앞서 1, 2번에서 놀이 중 좋았던 점과 아쉬웠던 점을 묻는 것은 상황에 따른 자기 감정을 인식하도록 연습하는 과정입니다.

1. 중심잡기 활동 중 좋았던 점은 무엇이었나요?
☞ 애들이랑 같이 이런 놀이를 해서 웃는 시간이 좋았다.

2. 중심잡기를 하면서 아쉬웠던 점은 무엇이었나요?
☞ 중심을 계속 잡다가 넘어지고 그래서 좀 아쉬웠다.

3. 중심잡기와 자기 조절은 어떤 관련이 있었나요?
☞ 넘어지고 다시 하는 과정에서 마음을 조절했다.

4. 중심잡기를 하면서 어떤 점이 나에게 도움이 되었나요?
☞ 실패해도 할 수 있다는 마음을 찾아 성공할 수 있었다.

5. 내가 실천할 수 있는 나만의 자기 조절 방법은 무엇인가요?
☞ 넘어져서 화가 날 때 잠시 숨을 쉬고 다시 해 볼 거다.

풍성한 놀이를 위한 플러스 α

- 활동지에 도전 실패 횟수와 성공 순간을 기록하게 하면, 실패를 두려워하지 않고 시도하는 과정의 가치를 자연스럽게 돌아볼 수 있습니다.
- 친구에게 도움을 요청하거나 받은 순간을 말풍선이나 이모지로 시각화하면, 관계 속에서의 자기 조절과 협력 경험이 더 선명해집니다.
- 활동 전후의 감정을 색깔 카드나 감정 단어로 표현하게 하면, 실패를 겪고 다시 시도하면서 감정이 어떻게 변했는지 성찰하는 기회를 줄 수 있습니다.

유의사항

- 놀이 전 실패에 익숙해지는 것이 성장의 출발점임을 분명히 전달하여, 학생들이 결과보다 시도 자체에 집중하도록 합니다.
- 놀이 중에 자신이 담당한 부분이 끝났다고 구경만 하고 있거나 집중력을 잃어버린 학생이 있다면 함께 응원하고 도와주도록 지도합니다.
- 활동 중에는 "괜찮아, 다시 해 보자." "쓰러져도 다시 시작하면 돼."와 같은 SEL 코칭 문장을 반복적으로 사용합니다. 해당 문장은 학생들의 감정을 안정시키고, 계속 시도할 용기를 북돋는 자기 조절 언어로 작동합니다.

효과적인 수업 멘트

도입 오늘은 실패해도 괜찮은 시간이야. 중심을 잡는다는 건 단지 물건 위에 무언가를 세우는 게 아니라, 쓰러졌을 때 다시 시도해 보는 마음을 세우는 거야. 오늘은 실패를 경험하면서도 끝까지 포기하지 않는 너희의 힘을 발견해 보는 거야.

마무리 오늘 몇 번이나 쓰러졌니? 중심잡기 놀이는 우리가 얼마나 오래 버텼는가 보다, 쓰러질 때마다 어떻게 내 마음을 다시 다잡았는가를 알아 가는 시간이었어. 실패를 견디며 나를 조절했던 우리의 경험이 앞으로 마음속에도 단단한 중심이 되어 줄 거야.

활동지

흔들려도 견뎌 내는 중심잡기

1. 중심잡기 활동 중 좋았던 점은 무엇이었나요?

   ....

   ....

2. 중심잡기를 하면서 아쉬웠던 점은 무엇이었나요?

   ....

   ....

3. 중심잡기와 자기 조절은 어떤 관련이 있었나요?

   ....

   ....

4. 중심잡기를 하면서 어떤 점이 나에게 도움이 되었나요?

   ....

   ....

5. 내가 실천할 수 있는 나만의 자기 조절 방법은 무엇인가요?

   ....

   ....

10
파이프를 연결해라!

준비물 팀빌딩 투게더 파이프(학토재), 탁구공, 바구니 2개(출발/도착 지점 1개씩)

놀이 정보
한눈에 보기

이 놀이는 공이 떨어지지 않도록 조심스럽게 이동시키는 신체 조절, 친구들과 함께 전략을 세우며 마음을 조절하는 과정을 통합적으로 경험하는 활동입니다. 교사에게는 익숙한 형태의 놀이지만, 요즘 학생들에겐 생소한 경우가 많습니다.

팀별로 제한된 시간 안에 파이프를 연결해 탁구공 10개를 목표 지점까지 운반하는데, 중간에 공을 떨어뜨릴 경우 처음부터 다시 시작해야 하므로 침착함과 협동심이 필수적입니다. 공을 떨어뜨리고 다시 시도하면서 학생들은 화내기 전에 문제의 원인을 분석하고, 누구를 탓하기보다 용기를 먼저 주는 자기 조절을 체험합니다.

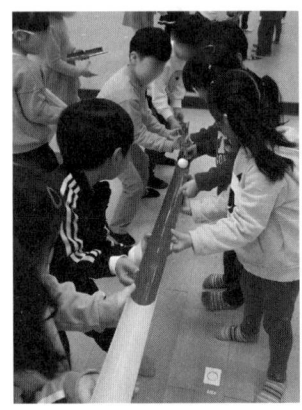
출처: 학토재 행복가게

◆ 사회정서교육 포인트
공을 떨어뜨리지 않기 위해 신체를 세밀하게 조절하고, 다양한 놀이 전략을 시도하면서 감정을 조절하는 통합적 자기 조절 활동입니다. 실패 후에도 차분히 전략과 접근 방식을 조율하는 과정은 인내력, 감정 통제, 회복탄력성을 자연스럽게 길러 줍니다.

◆ 추천 놀이 타이밍
학기 중반쯤 반 분위기를 전환하고 싶을 때 적합한 활동입니다. 평가 준비 등으로 쌓인 스트레스를 해소하고, 소원해진 모둠 내 관계를 다시 다지는 데도 효과적입니다. 체육·자율·진로 교과와 연계하여 자기 조절과 협동의 의미를 되새기며 학급의 에너지를 북돋는 기회로 활용하면 좋습니다.

놀이 방법

1. 최소 4인 1조로 모둠을 구성하고, 탁구공 10개와 모둠 인원수만큼 파이프 조각을 받습니다.

2. 교실을 몇 개의 구역으로 나누어 2개 이상의 모둠이 동시에 진행할 수 있도록 준비합니다.

3. 각 모둠은 파이프를 잘 연결하여 탁구공을 정해진 지점까지 옮깁니다.

4. 탁구공이 중간에 떨어지면 출발선으로 돌아가 다시 시작합니다.

5. 제한 시간 3분 동안 몇 개의 탁구공이 성공적으로 도착했는지 셉니다.

6. 1라운드가 끝난 후 각 모둠은 2분 동안 전략 회의 및 피드백 시간을 통해 서로의 협력 방식과 개선점을 논의합니다.

7. 수정된 전략을 적용해 볼 수 있도록 2라운드를 진행합니다.

8. 활동 종료 후, 모든 학생이 원형으로 모여 각자 한마디씩 소감을 나누며 마무리합니다.

풍성한 놀이를 위한 플러스 α

- 전략 회의 때마다 돌아가면서 모둠 대표를 맡도록 하면, 다양한 소통 방식과 역할 조절 능력을 자연스럽게 경험할 수 있습니다.
- 성공 개수와 전략을 기록하여 비교하면 모둠별 협력의 성장 과정을 돌아볼 수 있어 성찰과 동기 부여에 효과적입니다.
- 운동장에서는 모둠 수만큼 구역을 넓게 나누어 학급 전체가 동시에 참여하는 대형 버전으로 확장할 수 있고, 강당에서는 두 팀으로 나누어 팀 대항전으로 진행할 수 있습니다.

유의사항

- 공이 떨어지면 처음부터 다시 시작해야 하기 때문에, 실패로 인한 좌절감이 큽니다. 놀이 전 "실패는 괜찮아, 우리는 더 잘하기 위해 도전하는 거야."라는 메시지를 분명히 전달하면 학생들이 결과보다 과정에 집중할 수 있습니다.
- 놀이 중에는 "우리 다시 해 보자." "침착하게 천천히 해 보자."와 같은 SEL 강화 문장을 반복해서 사용합니다. 이는 감정을 가라앉히고 집중력을 회복하는 데 도움을 줍니다.
- 역할 분담과 전략 회의가 핵심이므로, 한두 명의 활약보다 모둠 전체의 협력이 중요하다는 점을 강조합니다.

효과적인 수업 멘트

도입 오늘은 우리 모둠의 힘을 시험하는 시간이야. 이 놀이에서는 공을 떨어뜨리지 않기 위해서 한 사람 한 사람의 손 조절도 필요하지만, 그보다 중요한 건 끝까지 함께 도전하려는 마음이야. 실패해도 괜찮아. 우리가 서로를 믿고 다시 하면 돼. 지금부터 팀워크와 집중력, 그리고 너희 마음의 조절 능력을 한번 보여 주자.

마무리 처음보다 점점 더 잘하게 된 걸 느꼈니? 팀이 함께 전략을 바꾸고, 공을 조심스럽게 옮기며 몰입하면서 우리의 자기 조절 능력이 성장한 거야. 실수하기도 했지만, 그 안에서 우리는 서로를 존중하고 기다리는 법을 배웠어. 오늘 이 활동이 우리 마음에 협동과 조절의 기억으로 오래 남기를 바라.

3

관계 인식 및 관리:
(Social Awareness & Relationship Skills)
친구를 이해하는 힘 기르기

교실에서의 관계는 단순한 친목을 넘어 학급의 분위기를 만듭니다. 이는 곧 학생들의 학업과 정서에 직접적인 영향을 줍니다. 관계 인식은 친구의 감정과 관점을 공감하는 힘이고, 관계 기술은 공감을 토대로 서로 협력하고 갈등을 해결하며 긍정적인 관계를 이어 가는 힘입니다. 관계의 힘은 "친구를 이해하라."는 말이 아니라, 실제로 함께 기뻐하며, 때로는 충돌하고 다시 화해하는 경험을 통해서만 자랍니다. 관계 인식 능력과 관계 기술이 자라면 신뢰와 존중이 흐르는 교실이 만들어지고, 학생들에게 심리적 안정감과 관계적 만족감을 선사할 것입니다.

관계 인식 및 관리 놀이에서 학생들은 자연스럽게 서로에게 관심을 기울이고, 상대방의 반응에 비춰 자신을 돌아봅니다. 작은 배려와 이해가 오갈수록 교실은 따뜻한 관계의 장이 되며, 갈등이 발생했을 때도 먼저 서로의 입장을 경청하고 화해하는 과정을 경험합니다. 특히 협동이 필요한 놀이는 학생들에게 몸으로 친밀감을 쌓을 기회를 제공합니다.

관계 인식 및 관리 놀이와 SEL 효과 한눈에 보기

놀이 \ SEL 효과	공감력과 관점 수용력 향상	협력과 의사소통 능력 강화	자기 표현과 공동체 내 자존감 증진	규칙 만들기와 공동체 가치 실천	갈등 예방과 관계 회복의 연습	관계적 성찰과 지속 가능한 관계 기술 습득
둘 중에 하나, 내 취향을 맞혀 봐!	○	○				○
마음 업그레이드, 너도나도	○	○	○		○	
듀플릭, 나랑 같은 그림 그린 거 맞아?	○		○	○		○
손잡고 나이 먹기		○		○	○	
함께 쓰고 함께 웃는 쁘띠바크	○	○	○			○
관계를 키우는 짝놀이	○	○			○	○
마음을 잇는 징검다리		○		○	○	○
레벨업 가위바위보	○	○		○		
협동 공기놀이	○	○		○		○
10초 릴레이 그림	○	○		○	○	

01
둘 중에 하나, 내 취향을 맞혀 봐!

준비물 활동지, 필기도구

놀이 정보
한눈에 보기

이 놀이는 친구의 취향과 생각을 질문으로 나누며 서로 이해하고 관계를 열어 가는 활동입니다. 학생들은 "나는 강아지와 고양이 중 어느 동물을 더 좋아할까?"와 같은 양자택일형 질문을 만들고, 서로 맞히면서 친구에 대해 몰랐던 부분을 알아 갑니다. 한 학생은 "내가 틀렸는데도 친구가 웃으면서 자기 취향을 설명해 줘서 더 친해졌어요."라는 후기를 남겼습니다. 따라서 이 놀이는 친구의 감정을 이해하고 공감하는 힘(관계 인식)과 경청, 존중, 대화로 관계를 이어 가는 힘(관계 관리)을 동시에 길러 주는 활동입니다.

◆ 사회정서교육 포인트
친구의 질문을 듣고 정답을 추리하는 과정에서 경청과 공감을 배우고, 자신의 생각을 표현하면서 상호 존중을 경험합니다. 서로의 차이를 이해하고 받아들이면서 다양한 사회적 관점에 대한 수용력이 넓어지고 관계 유지에 필요한 의사소통 기술이 발달합니다. 나아가 교실 전체에 따뜻한 관심과 웃음이 퍼지면서, 학생들은 긍정적인 관계를 형성하고 유지하는 힘을 기릅니다.

◆ 추천 놀이 타이밍
새 학기 초 학생들이 아직 서로 어색할 때, 빠르게 친밀감을 형성하고 학급 분위기를 부드럽게 여는 활동으로 적합합니다. 학기 중반, 친구들 사이에 관계가 경직되거나 교실 분위기가 침체되었을 때 분위기 환기용으로도 효과적입니다. 또한 모둠 활동이나 협력 학습에 들어가기 전, 학생들이 서로를 더 잘 이해하고 신뢰할 수 있도록 돕는 관계 촉진 활동으로 활용하기 좋습니다.

놀이 방법

1. 학생들은 짝을 지어 가위바위보를 합니다. 이긴 학생은 1분 동안 자기소개를 하고, 그동안 가위바위보에서 진 학생은 고개 끄덕이기, 특정 표정 짓기 등 간단한 반응을 보이며 경청합니다. 교사는 몇 명을 뽑아 들은 내용을 다시 발표하도록 합니다. 먼저 자발적으로 발표하기를 희망하는 학생을 뽑고, 희망자가 없다면 평소에 발표하지 않았던 학생을 뽑아 기회를 줍니다.

2. 교사는 활동지를 나누어 줍니다. 활동지를 받은 학생들은 자신에 대한 질문을 2개 작성합니다. 어려워하는 학생이 있을 수 있으므로 교사는 예시를 보여 주며 시범을 보입니다.
   - 나는 어떤 동물을 좋아할까? 강아지 vs. 고양이
   - 나는 어느 계절을 좋아할까? 여름 vs. 겨울
   - 나는 어떤 음식을 좋아할까? 밥 vs. 빵

3. 활동지 작성이 끝난 학생들은 교실을 돌아다니며 다른 친구를 마주칩니다. 만나면 가위바위보를 하고, 이긴 학생이 질문 2개를 던집니다. 그러면 진 학생이 문제의 정답을 맞히는데, 문제를 맞히면 별(★), 틀리면 하트(♥) 모양을 기록합니다.

4. 문제 내는 사람과 맞히는 사람의 역할을 바꾸어 한 번 더 진행합니다. 한 학생이 5명의 친구를 마주쳤거나 별·하트를 합쳐 총 10개를 모으면 활동을 종료합니다.

A와 B 활동지는 사뭇 다른 분위기를 풍깁니다. 개인적인 취향을 중심으로 쓴 활동지 B와 비교할 때, 활동지 A를 쓴 학생은 다양한 사회적 이슈에 관심

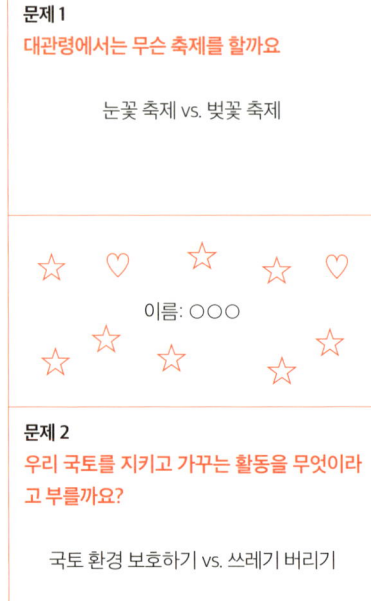
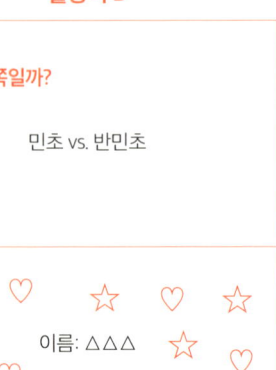

이 많은 것 같습니다. 물론 평소에도 사회 이슈에 관심이 많은 학생인지, 사회 교과에 흥미를 느끼는 학생인지, 아니면 자신을 드러내고 싶지 않아 교과 시간에 배운 내용을 채운 것인지는 교사의 추가적인 관찰이 필요합니다. 활동지 A를 쓴 학생은 민초(민트초코)를 좋아하느냐, 싫어하느냐라는 질문으로 자신의 취향을 드러내는 동시에, 같은 취향을 가진 친구들과 공감대를 형성할 수도 있습니다. 문제를 맞히고 틀린 개수를 기록하는 별과 하트는 이름 쓰는 칸에 함께 기록하였습니다.

풍성한 놀이를 위한 플러스 α

- 자신이 낸 문제와 정답을 한 편의 글로 정리하면, 자신의 취향이 형성된 과정에 대해 성찰하는 글쓰기 활동으로 확장할 수 있어 자기 표현력과 관계 이해가 함께 자랍니다.
- 활동지 대신 질문 카드를 제작해 반 전체가 함께 쓰는 '질문 바구니'를 만들면, 이후 무작위 추리 게임이나 다른 활동으로 활용할 수 있어 지속적인 놀이 확장이 가능합니다.
- 학기 중반 이후에는 반 전체가 참여하는 버전으로 변형해, 한 학생이 낸 질문을 전원이 추리하는 방식으로 진행하면 관계망이 더 넓어지고 학급 공동체의 유대감이 강화됩니다.

유의사항

- 학생들이 더 많이, 더 빨리 문제를 맞히기보다 친구의 취향과 생각을 알아가며 놀이 과정 자체를 즐길 수 있도록 안내합니다. 교사도 직접 참여하면서 놀이 취지를 시범 보일 수 있습니다.
- 지나치게 어렵거나 추상적인 질문을 적지 않도록 안내합니다.
- 발표에 부담을 느끼는 학생에게는 전체 발표 거부권을 주어, 편안한 마음으로 참여할 수 있도록 배려합니다.
- 활동을 마무리할 때는 친구와 나의 다른 취향을 존중하는 태도가 관계 관리의 시작임을 강조합니다.

효과적인 수업 멘트

도입 오늘은 우리 반 친구들을 더 알아가는 놀이를 해 볼 거야. 그냥 친구의 취향을 맞히는 게임 같지만, 정답이 중요한 게 아니야. 중요한 건 친구들과 질문을 주고받고, 서로 다른 선택을 존중하면서 친구에 대해 더 깊이 이해하는 거지. 오늘은 틀려도 괜찮고, 생각이 달라도 괜찮아. 그냥 그 다름을 통해 서로를 더 가까이 알아가면 돼.

마무리 오늘 누군가는 내가 만든 질문을 친구가 맞혔을 때 기분이 좋았을 거고, 또 누군가는 친구가 내 이야기를 듣고 이해하려는 모습을 보며 고마웠을 거야. 이렇게 서로의 다름을 알고, 나와 다른 선택을 받아들이는 게 바로 관계를 시작하는 힘이야. 오늘처럼 웃고 대화하면서 친구를 알아가는 경험이 쌓이면, 우리 반은 점점 더 따뜻한 교실이 될 거야. 오늘 너희가 보여 준 관심과 경청이 우리 모두를 더 가까이 이어 주었어.

— 활동지 —

둘 중에 하나, 내 취향을 맞혀 봐!

문제1

이름:

문제2

- 자신을 소개하는 문제 2개 내기, 정답은 둘 중에 하나를 고르기
- 가위바위보에서 이긴 사람이 문제를 내고, 문제를 맞히면 상대방에게 ★ 그리기, 문제를 틀리면 ♥ 그리기
- ★ 또는 ♥ 둘 중에 하나를 5개 모으면 자리에 앉기

02
마음 업그레이드, 너도나도

준비물 활동지, 필기도구

놀이 정보
한눈에 보기

이 놀이는 주제와 관련된 단어를 얘기하며 서로를 이해하고 관계를 잇는 활동입니다. 아이들은 '가족', '학교', '방학'과 같은 주제를 보고 떠오르는 단어를 적고 한 명씩 발표합니다. 이때 같은 단어를 쓴 친구가 있으면 점수를 얻습니다. 특히 단 2명만 같은 단어를 썼을 때는 "너도나도!"를 외치고 하이 파이브를 하면서 특별한 친밀감을 경험합니다. 혼자만 쓴 단어가 나왔을 때는 해당 단어를 어떤 이유에서 쓰게 되었는지 이야기해 줍니다. 친구들은 그 이야기를 듣고 박수로 격려하며 따뜻한 피드백을 줍니다.

이 놀이는 공통점 속에서 반가움을 느끼고 차이 속에서 존중을 배우는 과정에 더 큰 의미가 있습니다. "친구랑 저만 같은 단어를 써서 하이 파이브 하니까 더 친해진 것 같아요."라는 후기처럼 '너도나도' 놀이는 친구의 감정을 이해하고 공감하는 힘과 차이를 존중하며 대화를 이어 가는 힘을 동시에 길러 줍니다.

◆ **사회정서교육 포인트**

이 놀이는 공통점에서 "너도나도!"를 외치며 친밀감을 느끼고, 차이점에서 서로를 격려하며 공감, 경청, 긍정적 대화가 자연스럽게 확장됩니다.

◆ **추천 놀이 타이밍**

배운 내용을 복습하는 차시에 활용하면 효과적입니다. 또한 개학일에 '방학'을 주제로, 일주일을 시작하는 월요일에 '주말'을 주제로 진행하면 교실 분위기를 자연스럽게 열고 관계 형성을 촉진할 수 있습니다.

놀이 방법

1. 교사가 '가족, 방학, 학교, 좋아하는 것, 요즘 내 감정'과 같은 일반적인 주제를 제시하고 학생들이 관련 단어를 쉽게 떠올릴 수 있도록 간단히 안내합니다.

2. 학생들은 제시된 주제를 듣고 떠오르는 단어를 8개 작성합니다.

3. 1명씩 돌아가며 단어를 하나씩 발표합니다. 한 단어가 나올 때마다 같은 단어를 쓴 학생들이 손을 듭니다. 그 학생들은 모두 손 든 인원수만큼 점수를 얻습니다.

4. 전체에서 단 2명만 같은 단어를 썼을 경우에는 "너도나도!"를 외치고 하이파이브를 합니다. 이때는 전체 인원수에 +1점을 얻습니다(예: 학급 전체 인원이 22명이면 23점을 얻음).

5. 나와 같은 단어를 쓴 사람이 아무도 없으면 기본 점수 1점을 받습니다. 이때 교사는 어떤 이유에서 해당 단어를 적었는지 묻습니다. 친구들은 학생의 답변을 듣고 박수와 격려로 응답합니다. 격려 멘트를 가장 따뜻하게 전한 친구 1명에게 교사가 보너스 3점을 줍니다.

6. 활동이 끝나면 점수를 합산해 시상합니다. 점수가 가장 높은 학생은 공감상, 가장 낮은 학생은 창의상, 그리고 점수의 십의 자리나 일의 자리에 맞춰 뽑힌 학생에게는 랜덤상을 수여합니다. 예를 들면, 점수의 십의 자리가 2인 학생을 랜덤상 대상자로 선정하면 20~29점 사이의 학생이 대상자로 뽑히는 방식입니다. 랜덤상은 단순한 보너스가 아니라 결과와 관계없이 모든 학생의 참여 의욕을 유지시키는 사회정서적 장치입니다.

round 1 사회	
1. 안산시	점수:
2. 세종특별자치시	점수:
3. 서울특별시	점수:
4. 포항시	점수: 1
5. 해치	점수: 1
6. 지진	점수:
7. 홍수	점수:
8. 태풍	점수:
가장 많은 점수: 공감상 가장 적은 점수: 창의상	총점: 2

round 2 국어	
1. 글	점수: 10
2. 주장	점수: 6
3. 안전	점수:
4. 어린이	점수:
5. 인공지능	점수: 8
6. 윤리	점수:
7. 색깔	점수:
8. 직업	점수:
가장 많은 점수: 공감상 가장 적은 점수: 창의상	총점: 24

round 3 집에 있는 물건	
1. 게임기	점수: 3
2. 커튼	점수: 3
3. TV	점수: 9
4. 에어컨	점수: 4
5. 선풍기	점수: 5
6. 냉장고	점수: 13
7. 컵	점수: 4
8. 책상	점수: 9
가장 많은 점수: 공감상 가장 적은 점수: 창의상	총점: 50

첫 번째와 두 번째 놀이는 교과 수업을 바탕으로 진행했고, 세 번째 놀이는 비교적 일상적인 주제로 진행했습니다. 해당 학습지를 작성한 학생은 첫 번째 놀이에서 '창의상'을 받았을 것으로 추정됩니다. 교과가 다루는 범위가 넓고 관심사도 다양한 만큼 공통적인 단어가 나오기 어려울 것입니다. '포항시'나 '해치'를 어떤 이유로 적게 되었는지 경청한다면, 친구들은 학생에 대한 이해의 폭이 넓어집니다.

풍성한 놀이를 위한 플러스 α

- 고학년(초등 4~5학년)은 단어를 8개, 저학년(초등 1~3학년)은 3개 또는 5개로 작성하면 학년 수준에 맞는 참여가 이루어집니다.
- 같은 단어를 반 전체가 썼을 경우, 모두에게 '학급 인원수 +1점'을 주어 학급 전체가 하나로 연결되는 경험을 강화할 수 있습니다.
- 놀이가 끝난 뒤, 짝과 활동지를 교환하여 해당 단어를 쓴 이유에 대해 대화하도록 하면 서로의 생각과 감정을 더 깊이 이해할 수 있습니다.

유의사항

- 학생들이 각자 쓴 단어에 담긴 생각과 감정을 나누는 과정에 집중하도록 안내합니다.
- 공감상이라는 표현 때문에 '대중적인 감성을 가진 친구가 공감력 있는 친구'라는 오해를 할 수 있습니다. '공감'은 공동체 안에서 느끼는 '연결감'과 관련이 있으므로 상 이름을 정한 취지에 대해 충분히 설명하면 좋습니다.
- 학급 인원의 과반수 이상이 같은 단어를 썼을 때는 단순히 점수만 기록하지 말고, "왜 우리 모두 이 단어를 썼을까?"라는 질문으로 학생들의 생각을 확장합니다.
- 혼자만 쓴 단어를 발표할 때는 발표자가 위축되지 않도록 교사가 적극적으로 질문을 던지고, 친구들이 격려와 박수를 보내도록 유도합니다.
- 교사도 함께 참여해 학생들이 잘 따라 하도록 돕습니다.
- 활동을 마무리할 때는 공통점에서 느낀 친밀감, 차이점에서 배운 존중이 모두 의미 있음을 강조합니다.

효과적인 수업 멘트

도입 오늘은 친구들과 마음을 연결해 볼 거야. 선생님이 어떤 주제를 말하면 그걸 듣고 떠오르는 단어를 발표하면서 누가 나와 같은 생각을 했는지 찾아보는 거지. 이 놀이에서 중요한 건 높은 점수를 얻는 게 아니라, 단어에 담긴 너희의 생각과 감정을 나누면서 공통점은 반가움으로, 차이점은 존중으로 이어 가는 거야.

마무리 오늘 놀이하면서 하이 파이브 했던 순간이 기억나지? 또 혼자만 쓴 단어를 발표했을 때, 친구들이 박수와 격려로 응원해 줬던 순간도 있었을 거야. 이런 경험은 우리가 서로의 마음을 알아가고, 공통점 속에서 친밀감을 느끼며, 차이 속에서 존중을 배우는 시간이었다는 걸 보여 줘. 우리 놀이는 바로 이렇게 관계를 인식하고 이어 가는 연습이야.

— 활동지 —

마음 업그레이드, 너도나도

round 1

1.	점수:
2.	점수:
3.	점수:
4.	점수:
5.	점수:
6.	점수:
7.	점수:
8.	점수:
가장 많은 점수: 공감상 가장 적은 점수: 창의상	총점:

round 2

1.	점수:
2.	점수:
3.	점수:
4.	점수:
5.	점수:
6.	점수:
7.	점수:
8.	점수:
가장 많은 점수: 공감상 가장 적은 점수: 창의상	총점:

round 3

1.	점수:
2.	점수:
3.	점수:
4.	점수:
5.	점수:
6.	점수:
7.	점수:
8.	점수:
가장 많은 점수: 공감상 가장 적은 점수: 창의상	총점:

"공감은 서로 다른 마음이 만나는 가장 따뜻한 방법입니다."

03
듀플릭, 나랑 같은 그림 그린 거 맞아?

준비물 활동지, 필기도구

놀이 정보
한눈에 보기

'듀플릭'은 '복사하다'는 뜻의 영어 'duplicate'에서 파생된 이름으로, 친구의 설명을 듣고 이를 그림으로 그려 서로 다른 관점을 비교하고 이해하는 활동입니다. 학생들은 완성된 그림이 모두 다르다는 사실을 발견하고 놀라워합니다. 이 과정에서 학생들은 말하기와 듣기의 차이를 체험하며, 같은 말도 사람마다 다르게 해석될 수 있음을 인정하는 관계 인식을 경험합니다. 또한 서로의 그림을 비교하며 대화하는 과정에서 차이를 존중하고 협력하는 관계 관리 역량을 기르게 됩니다. 이처럼 듀플릭은 친구의 말을 이해하고 존중하는 힘과 서로 다른 결과를 받아들이고 소통하는 힘을 동시에 길러 줍니다.

◆ **사회정서교육 포인트**
설명자의 말을 주의 깊게 듣는 과정, 서로 다른 결과를 존중하는 과정에서 경청·공감·조율 능력이 자연스럽게 키워집니다. 또한 서로의 표현 차이를 받아들이고 협력적으로 소통하면서 더 깊은 이해를 배우게 됩니다.

◆ **추천 놀이 타이밍**
국어 교과의 말하기·듣기 단원에서 의사소통의 어려움과 즐거움을 체험하는 활동으로 적합합니다. 미술 교과에서는 그림 표현 활동과 연결해 활용할 수 있으며, 학생들의 발표 능력을 기르고 싶은 시기에도 효과적으로 적용할 수 있습니다.

놀이 방법

1 학생들의 규칙 이해를 돕기 위해 교사가 먼저 간단한 도형 그림으로 연습 게임을 합니다.

2 학생들을 4인 1조로 모둠을 이루면 좋지만, 꼭 인원이 맞지 않아도 괜찮습니다. 몇 명의 학생이 2회 이상 설명자로 나서게 되더라도 말하기와 듣기를 모두 경험하는 것이 중요하므로 문제 되지 않습니다. 각 모둠 안에서 첫 번째 설명자와 청자 역할을 정하고, 번갈아 가며 역할을 바꿉니다.

3 설명자는 그림을 보고 말로만 묘사하며, 청자들은 설명만 듣고 그림을 그립니다. 2분 동안 설명자가 그림을 설명하는 동안, 청자들이 실시간으로 그림을 그리고, 설명이 끝난 뒤 30초 동안 그림을 마무리합니다.

4 그림이 완성되면 설명자가 채점 기준을 불러 주고, 청자들이 스스로 채점합니다.

5 완성된 그림을 비교하며 모둠 안에서 대화를 나눕니다. 설명을 듣고 그림을 그릴 때 어려웠던 점, 서로 듣고 기억하는 내용이 달랐던 점, 더 잘 듣기

위해 개선할 점, 설명자로서 느낀 부담, 이번 활동으로 깨달은 소통의 중요성에 대해 이야기합니다.

6 모둠별로 대화를 정리해 대표 1명이 간단히 발표하며 활동을 마무리합니다.

두 학생의 활동지를 비교해 보면, 같은 설명을 들었지만 전혀 다른 형태의 그림이 나온 것을 확인할 수 있습니다. 네 번째 놀이 결과를 비교하면 오른쪽 활동지에는 고양이의 오른편에 태양이 있지만, 왼쪽 활동지에는 고양이의 오른편에 아무것도 없습니다. 무엇보다 오른쪽 활동지의 첫 번째 놀이를 보면 학생의 집중력이 잠시 흐트러진 듯, 친구의 설명이 그림에 잘 표현되지 않았습니다. 교사가 첫 번째 놀이 후에 '경청'의 중요성에 대해 짚어 주니, 두 번째 놀이부터는 경청의 힘을 발휘해 많은 설명이 그림에 표현된 것을 볼 수 있습니다.

풍성한 놀이를 위한 플러스 α

- 학생들과 협의해 금지어를 정하면 설명력과 표현력이 더욱 풍부해지고 청자의 집중도가 높아집니다. 예를 들어, '위치'와 관련된 표현을 금지어로 설정하면 "왼쪽에~, 아래쪽에~" 같은 표현은 사용할 수 없습니다.
- 청자에게 한 번의 질문 기회를 주면 듣기에 더 집중하게 되고 설명의 핵심을 명확히 파악하는 데 도움을 줍니다.
- 전체적인 제한 시간을 줄이면 긴장감과 몰입감을 높일 수 있습니다.
- 2인 1조로 듣고 그림 그리게 하면 협동심과 조율 능력을 기를 수 있습니다.
- 교사가 준비한 그림이 아니라, 설명자 학생이 직접 그린 그림이나 생성형 AI로 제작한 그림을 활용하면 난이도 조절과 수업 다양화에 도움이 됩니다.

유의사항

- 그림이 다르게 나왔을 때는 틀린 것으로 여기지 말고, "왜 이렇게 서로 다르게 들었을까?"라는 질문으로 대화를 확장합니다.
- 설명자가 설명이 막혀 머뭇거릴 때는 교사가 어느 부분이 설명하기 어려운지 차분히 묻고, 친구들이 격려를 보내도록 유도합니다.
- 설명자가 설명을 누락하여 그림에 반영되지 않는 요소도 있습니다. 놀이 취지 자체가 서로의 불완전함을 확인하고 인정하는 것이므로, 설명자가

그림의 특정 부분을 누락하더라도 서로 격려해 주도록 안내합니다.
- 교사도 직접 놀이에 참여해, 학생들이 놀이 취지에 맞게 잘 따라 할 수 있도록 관계 맺기와 소통의 모델을 보여 줍니다.
- 활동을 마무리할 때는 같은 말을 듣고도 다르게 해석할 수 있다는 점, 그리고 다름을 존중하는 것이 관계의 시작임을 강조해 놀이가 따뜻한 경험으로 남도록 돕습니다.

효과적인 수업 멘트

도입 오늘은 친구의 말을 듣고 그림을 그려 볼 거야. 놀이를 하다 보면 어떤 친구는 A라고 들었는데, 다른 친구는 B라고 들을 수도 있어. 하지만 오늘은 누가 더 정확하게 들었는지가 중요한 게 아니라, 친구의 말을 얼마나 귀 기울여 들었는지, 내가 친구의 말을 어떻게 이해했는지 경험하는 게 중요해. 이번 놀이를 통해 우리는 서로의 생각과 마음을 더 잘 이해하게 될 거야.

마무리 오늘 놀이를 해 보니 같은 설명을 들었는데도 서로 그림이 조금씩 달랐지? 그건 우리가 모두 다르게 듣고, 생각하고, 표현하기 때문이야. 중요한 건 '다름'을 '틀림'이 아니라 존중해야 할 '차이'로 받아들이는 거야. 이 경험은 우리가 소통할 때 얼마나 주의 깊게 듣고, 또 서로의 마음을 이해하려는 태도가 필요한지 알려 줘. 오늘 너희가 보여 준 경청과 존중 덕분에 우리 반이 더 따뜻한 교실이 되었어.

── 활동지 ──

듀플릭, 나랑 같은 그림 그린 거 맞아?

[듀플릭 1라운드]
설명자의 설명을 잘 듣고, 그림을 그려 보세요.

1	2	3	4	5	6	7	8	9	10

[듀플릭 2라운드]
설명자의 설명을 잘 듣고, 그림을 그려 보세요.

1	2	3	4	5	6	7	8	9	10

[듀플릭 3라운드]
설명자의 설명을 잘 듣고, 그림을 그려 보세요.

1	2	3	4	5	6	7	8	9	10

설명할 그림과 채점 기준 예시

피크닉하는 곰 채점 기준

1. 곰은 담요 위에 앉아 있다.
2. 곰이 웃고 있다.
3. 담요에 체크무늬가 있다.
4. 나무가 배경에 있다.
5. 곰 옆에 바구니가 있다.
6. 바구니 안에 사과가 있다.
7. 곰이 컵을 들고 있다.
8. 구름이 2개 있다.
9. 곰에게 꼬리가 있다.
10. 곰이 바지를 입고 있다.

관계 인식 및 관리

04
손잡고 나이 먹기

준비물 팀 조끼, 미니 칼라 콘

놀이 정보
한눈에 보기

이 놀이는 친구와 함께 전략을 세우고, 대결과 복귀를 반복하는 집단 협력 놀이입니다. 운동장에서 두 팀이 마주 서고, 각 팀원끼리 손을 잡은 채 상대 팀 진지를 향해 달리거나, 상대를 터치하는 대결을 펼칩니다. 대결이 끝나면 모두 진지로 돌아와 숨을 고르고, 짧은 회의를 하며 감정을 정리하고 전략을 수정합니다.

여기서 점수를 얻을 때 '나이를 한 살 먹는다'는 표현을 사용합니다. '나이를 먹는다'라는 말은 '함께 성장한다'를 의미합니다. 따라서 나이를 먹는 동안 친구들과 어떤 관계를 이루었는가 하는 생각할 거리를 던져 줍니다. 학생들은 함께 작전을 짜고 협력하며, 차례를 존중하고, 친구의 선택을 기다려 주는 관계적 태도를 배우게 됩니다. 해당 놀이는 유튜브 채널 〈전국놀이자랑〉의 '나이먹기' 놀이를 변형하였습니다.

◆ **사회정서교육 포인트**
친구와 손잡고 움직이며 협력하는 과정, 대결 상황에서 개입하지 않고 기다려 주는 과정, 진지로 돌아와 감정을 정리하는 과정을 통해 관계 인식과 관계 관리 역량이 함께 길러집니다.

◆ **추천 놀이 타이밍**
체육 교과에 활용하면 효과적이며, 연속적으로 이틀 이상 진행하면 팀 전략 회의가 점점 발전하고 협력의 의미가 깊어집니다. 하루 중 협력을 가장 잘하고 학급 규칙을 잘 지킨 경우 보상 활동으로 운동장이나 강당에서 진행하면, 학급 공동체의 긍정적 분위기를 더욱 강화할 수 있습니다.

놀이 방법

1. 모든 학생은 1살로 시작하며 미니 칼라 콘을 1개씩 손에 듭니다. 나이는 칼라 콘 개수로 계산합니다. 놀이 시작 전 2분 동안 팀별 전략 회의를 통해 '공격', '수비', '손잡기' 역할을 나눕니다. 역할별 인원은 학생들이 자유롭게 정하지만, 각 팀 진지를 지키는 수비 인원은 최소 1명이 필요합니다.

2. 상대 진지를 터치하면 2살을 얻습니다(그러면 칼라 콘 2개를 가져옵니다). 이때 얻은 칼라 콘은 터치에 성공한 학생의 손 위에 겹겹이 쌓아 올립니다. 나이는 최대 10살까지만 얻을 수 있으며, 칼라 콘 개수가 10개를 초과하면 반드시 다른 팀원에게 나누어 줘야 합니다.

3. 상대 팀원을 터치했을 때는 두 사람의 나이를 비교합니다. 만약 터치한 내가 나이가 더 많으면 터치당한 학생으로부터 1살을 얻고, 나이가 같으면 가위바위보를 해서 이긴 쪽이 1살을 얻습니다. 반대로 내 나이가 더 적으면 1살을 빼앗깁니다. 진지를 지키는 학생도 나이를 먹을 수 있습니다. 진지에 신체 일부를 접촉한 채, 진지를 공격하러 오는 상대를 터치하면 1살을 얻습니다.

4. 같은 팀 친구와 손을 잡으면 2명의 나이가 합산됩니다. 단, 손을 잡은 채 상대 팀원을 터치했을 경우 터치한 학생만 1살을 얻습니다. 물론 이때 터치당한 학생의 나이가 손을 잡은 학생들의 합산 나이보다 적어야 합니다. 손은 지속적으로 잡고 다니는 게 아니라 순간적으로 힘을 모으는 전략이므로 3명 이상 손잡기도 가능합니다.

5. 한 학생이 상대 팀원을 터치하면 오직 양측 간의 대결이 성립되며, 이때는 '보호막'이 생겨 다른 친구들은 손을 잡는 등 개입을 할 수 없습니다. 보호막 규칙은 학생들에게 존중과 기다림을 몸소 실천하도록 돕습니다. 2대

1이나 2대 2 상황이더라도 대결에 임한 모두가 보호막 규칙에 따라 대결할 수 있습니다.

6 대결이 끝나면 결과와 상관없이 반드시 자신의 진지로 돌아가야 합니다. 돌아가는 동안에는 터치가 성립하지 않으므로 학생들은 숨을 고르고, 다른 팀원과 짤막한 회의를 하며 새로운 전략을 세웁니다.

7 한 라운드는 5분 동안 진행하며, 한 라운드가 끝날 때마다 각 팀의 나이 총합을 기록합니다. 한 라운드가 종료되면 나이는 모두 1살로 초기화되고, 팀별로 2분간 전략 회의를 통해 다음 라운드 계획을 새로 세웁니다.

8 총 3라운드를 진행하며, 라운드마다 [5분 대결 → 2분 전략 회의] 절차를 반복합니다. 최종 승리는 모든 라운드의 나이를 합산하여 가장 나이가 많은 팀이 차지합니다.

풍성한 놀이를 위한 플러스 α

- 라운드가 끝날 때마다 승리 팀에 찬스를 1개씩 줄 수 있습니다. 찬스는 누적할 수 있으며, 사용하고 싶을 때 교사에게 말로 요청하면 됩니다. 사용할 수 있는 찬스는 '긴급 1분 작전 회의', '진영 바꾸기', '1분 동안 손 잡기 금지' 3가지로, 변칙적인 전략으로 놀이 분위기를 전환해 줍니다.

- 활동 후 오늘 '나'를 도와준 친구가 누구였는지를 돌아보고 발표하도록 해도 좋습니다. 단순히 득점하는 것보다 친구의 도움을 인식하고 감사하는 마음을 표현하는 과정은 관계 인식과 공동체 감수성을 강화할 수 있습니다.

- 10살을 초과해야만 팀원에게 나이를 줄 수 있었던 기존 규칙을 바꿔, 언제든 자발적으로 나이를 나눠 줄 수 있도록 하면 협력이 훨씬 유연해집니다. 이 변형은 개인의 성장이 아닌 팀 전체의 성장을 우선하는 태도를 길러 줍니다.

유의사항

- 학생들이 점수를 얻는 데만 집중해 마구 달리다가 넘어질 수 있으므로, 놀이 시작 전에 반드시 안전 지도를 합니다.
- 교사는 직접 활동에 참여해 협력의 모범을 보여 주고, "손을 잡으니 마음이 더 편하지? 함께하니 더 강해졌지?"와 같은 말을 건네며 아이들이 타인과의 관계 속에서 안정감을 얻고 공동체적 성장을 느낄 수 있도록 돕습니다.

효과적인 수업 멘트

도입 오늘은 우리가 함께 '나이 먹기' 놀이를 해 볼 거야. 친구를 터치하면 1살을 먹고, 상대 진지를 터치하면 2살을 먹으면서 점점 자라나는 거지. 이 놀이는 내가 누구와 손을 잡았는지, 어떤 작전을 짰는지, 그리고 친구를 위해 내 점수를 어떻게 나눠줬는지 기억하는 게 중요해.

마무리 오늘 놀이를 해 보니 어땠어? 친구와 손을 잡고 함께 달렸고, 전략 회의에서 좋은 아이디어를 내기도 했지. 누군가는 나이를 나눠 주며 팀 전체를 도왔고, 또 누군가는 대결 패배 후 진지에 돌아와 감정을 정리하고 다시 도전했어. 이 경험을 통해 우리는 단순히 점수를 쌓는 것이 아니라, 함께 성장하는 게 얼마나 소중한지 알게 되었어. 오늘 너희가 보여 준 협력과 배려 덕분에 우리 반이 더 멋진 팀이 되었어.

05
함께 쓰고 함께 웃는 쁘띠바크

준비물 활동지, 필기도구

놀이 정보
한눈에 보기

'쁘띠바크'란 '작은 시험'이라는 뜻의 프랑스 전통 언어 놀이로, 주어진 주제에 맞는 단어를 빠르게 쓰며 어휘력과 사고력을 키우는 놀이입니다. 여기서는 친구와의 즐거운 경험을 주제로, 거기서 느낀 감정 단어를 씁니다. 학생들은 모둠별로 둘러앉아 활동지를 채우면서 도란도란 이야기를 주고받습니다. 특히 '친구에게 들었을 때 기분 좋은 말' 항목에서 같은 단어가 나오면 마음이 통하는 듯한 유대감을 느끼고, 다른 단어가 나오면 친구의 특별한 경험을 알게 되며 새로운 이해와 존중이 싹틉니다.

한 학생은 "우리가 같은 단어를 썼을 때 친구랑 마음이 이어지는 것 같아 기뻤어요."라고 했고, 또 다른 학생은 "친구가 쓴 단어가 나와 달라서, 그 친구의 경험을 알 수 있어 좋았어요."라고 말했습니다. 이처럼 '쁘띠바크' 놀이는 단순히 단어를 쓰는 활동이 아니라, 친구와의 관계를 돌아보고 새로운 관계를 열어가는 활동입니다.

♦ 사회정서교육 포인트
이 놀이는 친구와 함께한 경험을 단어로 표현하고, 같은 단어와 다른 단어를 비교하며 공감과 존중을 배우는 과정에서 관계 인식과 관계 관리 역량을 함께 기르는 활동입니다. 또한 긍정적인 언어 표현을 반복하면서 학급 안에 따뜻한 분위기와 존중의 문화를 확산시킵니다.

♦ 추천 놀이 타이밍
국어과 성취기준 중 [2국01-02]와 [4국01-04], 도덕과 성취기준 중 [4도01-03], [6도01-02]를 바탕으로 '바른 말 사용'에 대해 다룰 때 활용하면 좋습니다. 교사가 학생들의 관계를 점검하고 싶을 때도 효과적이며, 모둠을 처음 구성한 뒤 친밀감을 쌓는 기회로 적합합니다. 학기 말 단원 복습에 활용하면 교과 학습과 교우 관계 성찰을 동시에 할 수 있습니다.

놀이 방법

1. 모둠별로 활동지를 받아 [친구 이름, 친구가 해 준 착한 일, 내가 친구에게 해 준 착한 일, 친구에게 하면 좋은 말, 친구에게 들으면 좋은 말, 우리 반과 함께 하고 싶은 활동, 사이좋게 지내기 위한 규칙] 7개 항목에 맞는 단어를 자유롭게 작성합니다. 기존의 쁘띠바크 놀이처럼 초성을 제시하지 않으며, 이전 라운드에서 쓴 단어는 다시 사용할 수 없습니다.

2. 가장 먼저 모든 항목을 채운 모둠은 큰 소리로 "쁘띠바크"를 외치고, 그 모둠이 해당 라운드의 발표 모둠이 됩니다.

3. 발표 모둠은 작성한 단어를 순서대로 발표합니다. 다른 모둠은 각 항목의 단어를 비교해 같은 단어가 나오면 공감성을 인정받아 모두 1점을 얻고, 다른 단어가 나오면 기준 모둠이 독창성을 인정받아 해당 모둠만 2점을 얻습니다.

4. 점수는 라운드마다 누적됩니다. 단, 같은 모둠에서 이전 라운드에 사용한 단어는 다시 쓸 수 없으며, 마지막 라운드에서는 지금까지 작성한 단어를 모두 자유롭게 활용할 수 있습니다. 직전 라운드에서 사용한 단어는 활동지를 참고해 확인하도록 합니다.

한 학생의 활동지를 보면 구체적으로 무엇을 도와주고 양보했는지, 무엇에 대해 잘했고 고맙다는 건지 구체적으로 묘사되어 있지는 않지만, 서로 주고받을 때 힘이 되는 긍정적인 표현이 무엇인지, 서로 고맙다고 느낄 만한 행동이 무엇인지는 활동지를 작성하는 동안 학생들끼리는 충분히 확인할 수 있습니다. '우리 반과 함께 하고 싶은 활동'에서 '갈틱폰'이라는 게임이 등장했는데, 앞서 살펴본 「듀플릭」 놀이와 비슷한 게임입니다.

라운드	친구 이름	친구가 해 준 착한 일	내가 친구에게 해 준 착한 일	친구에게 하면 좋은 말	친구에게 들으면 좋은 말	우리 반과 함께 하고 싶은 활동	사이좋게 지내기 위한 규칙	점수
1	○○○	나를 도와주었다	수학을 알려 줬다	최고야	파이팅	아나바다	존중해 주기	
2	□□□	청소를 해 줬다	학용품을 빌려 줬다	고마워	너 착하다	갈틱폰	배려하기	
3	△△△	가방을 들어 줬다	책을 같이 봤다	넌 할 수 있어	대단해	음악	질서 지키기	
4	☆☆☆	지우개를 빌려 줬다	자리를 양보했다	잘했어	사랑해	반 대회	칭찬하기	
5	◇◇◇	나를 도와주었다	양보했다	잘했어	고마워	보드게임	배려하기	

풍성한 놀이를 위한 플러스 α

- 고학년(초등 4~6학년)의 경우, 라운드가 끝날 때마다 기준 모둠이 작성한 단어 중 하나를 골라 해당 단어를 쓴 이유를 덧붙이게 하면 표현이 구체화되고 공감의 폭이 커집니다.
- 짝 활동으로 변형하면 친구와 나누는 대화의 밀도가 높아집니다. 이처럼 학급 분위기와 목표에 따라 모둠 인원을 조정할 수 있습니다.
- 학급 전체 활동으로 범위를 넓혀 개인전을 진행할 수 있습니다. 개인전의 경우 활동지가 많이 발생하기 때문에 모두 모아서 '우리 반 따뜻한 말 모음집'을 만들 수 있습니다.
- 활동에서 나온 단어들을 모아 시화나 포스터로 제작하는 교과 간 연계 활동도 가능합니다.

유의사항

- 같은 단어가 나오면 서로 마음이 이어졌음을 확인하고, 다른 단어가 나오면 친구의 독창성을 인정할 수 있도록 교사는 긍정적인 언어를 사용합니다.
- 발표 시간에는 친구의 단어를 웃음거리로 삼지 않도록 안전한 분위기를 조성하고, 혼자만 다른 단어를 쓴 학생에게는 "이건 너만이 가진 특별한 경험이야"와 같은 지지의 말을 자주 건넵니다.

효과적인 수업 멘트

도입 오늘은 친구와 함께했던 기억 속 단어를 쓰면서 우리가 얼마나 서로를 잘 알고 있는지 확인하는 놀이를 해 보자. 같은 단어를 쓰면 우리가 같은 마음으로 이어진 거고, 다른 단어를 쓰면 우리가 서로를 특별하게 기억하는 거야. 중요한 건 점수를 누가 더 얻느냐가 아니라, 우리가 서로를 이해하고 함께 웃는 거라는 걸 꼭 기억하자.

마무리 오늘 놀이하면서 우리는 다양한 단어를 통해 서로를 이해하고 존중하는 방법을 배웠어. 오늘 너희가 보여 준 공감과 배려 덕분에 우리 반이 더 따뜻하고 끈끈한 공동체가 되었어. 앞으로도 우리 교실이 이렇게 서로를 알아 주고 존중하는 공간이 되길 기대해.

활동지

함께 쓰고 함께 웃는 쁘띠바크

라운드	친구 이름	친구가 해 준 착한 일	내가 친구에게 해 준 착한 일	친구에게 하면 좋은 말	친구에게 들으면 좋은 말	우리 반과 함께 하고 싶은 활동	사이좋게 지내기 위한 규칙	점수
1								
2								
3								
4								
5								

06
관계를 키우는 짝놀이

준비물 없음

놀이 정보
한눈에 보기

이 놀이는 짝과 함께 움직이고, 눈을 맞추고, 마음을 나누는 활동입니다. 단순히 승패를 겨루는 것이 아니라, 놀이 과정에서 친구의 반응을 살피고 존중하며, 함께 웃고 격려하는 경험을 통해 서로의 존재를 깊이 인식하게 됩니다. 짝놀이의 종류로 여러 가지를 소개할 텐데, '가로세로 박수'에서는 경쟁 과정에서도 서로를 격려하고, '텔레파시 놀이'에서는 말없이 마음만으로도 연결된 관계를 체험합니다. '위로 아래로'에서는 실수를 웃음으로 받아들이고 어떤 상황에서든 비판보다 응원과 격려를 먼저 전하는 법을 배웁니다.

아이들은 놀이 속에서 "같이 하니까 더 즐겁다!" "괜찮아, 다음엔 맞출 수 있어!" 같은 따뜻한 말로 서로의 감정을 존중하고 차이를 받아들이며, 교실을 함께 성장하는 공동체적 분위기로 변화시킵니다.

◆ 사회정서교육 포인트
이 놀이는 짝과 함께 규칙을 지키며 서로의 움직임과 반응을 살피는 과정에서 관계 인식 역량을 키우고, 승패가 갈리는 긴장된 상황에서도 격려와 존중을 나누며 협력적으로 소통하는 관계 관리 역량을 강화합니다. 또한 학생들은 놀이를 통해 서로 다른 감정을 경험하고 존중하며, 실패를 긍정적으로 받아들이는 따뜻한 교실 문화를 만듭니다.

◆ 추천 놀이 타이밍
수업이 예상보다 빨리 끝났을 때, 수업 시작 전 분위기를 끌어올려야 할 때, 하교 전 분위기를 전환할 때 활용하면 효과적입니다. 놀이 시간이 길지 않아 언제든지 부담 없이 진행할 수 있으며, 교실은 물론 운동장과 강당 등 다양한 공간에서 실행할 수 있습니다.

놀이 방법 1: 가로세로 박수

1 짝과 가위바위보를 합니다.
2 이긴 사람은 가로, 진 사람은 세로로 팔을 벌려 마주 섭니다. 이때 양팔 너비는 서로 비슷하게 맞춥니다. 세로로 팔을 벌리는 건 악어 입을 표현하듯 아래위로 팔을 벌린 모습입니다.
3 교사가 "하나, 둘, 셋!"을 외치면 동시에 박수를 칩니다. 이때 먼저 친 사람이 이깁니다.
4 진 사람이 이긴 사람의 장점을 들어 칭찬하는 말을 전합니다.
5 진 사람은 이긴 사람에게 인사하거나 박수를 쳐 주며 기분 좋게 마무리합니다.

풍성한 놀이를 위한 플러스 α

- 활동 전 칠판에 격려와 칭찬 멘트를 정리해 두고, 놀이 중 선택해 사용하도록 안내하면 긍정적인 언어가 자연스럽게 확산됩니다. 멘트 예시로는 다음 말들이 있습니다. "괜찮아, 다음엔 더 잘할 수 있어!" "이번엔 네가 이겼네, 대단하다!" "우리 팀워크 최고야!" 등입니다.

놀이 방법 2: 텔레파시 놀이

1 짝과 등을 맞대고 앉거나 서서 준비합니다. 준비 자세는 교사가 상황에 따라 정하면 됩니다.
2 교사가 "하나, 둘, 셋!"을 외치면 두 사람은 각자 왼쪽이나 오른쪽 방향 중 하나를 선택해 돌아봅니다.

3 방향이 같으면 하이 파이브를 하며 "우린 마음이 통했어!" 같은 멘트를 하고, 다르면 혼자 박수를 치거나 짝과 악수하며 "괜찮아, 다음엔 맞출 수 있어!"라고 말합니다.

> **풍성한 놀이를 위한 플러스 α**
>
> - 단순한 방향 지시 외에 '고양이(오른쪽) vs. 강아지(왼쪽)'처럼 키워드를 제시해 선택하게 하면 친구와 연결감을 더 재미있게 느낄 수 있습니다.

놀이 방법 3: 위로 아래로 놀이

1 짝과 마주 앉아 주먹을 교대로 포개 쌓습니다.
2 교사가 "위로!"를 외치면 맨 아래 주먹을 맨 위로 올리고, "아래로!"를 외치면 맨 위 주먹을 맨 아래로 내립니다. 교사는 리듬을 타면서 "위로 아래로" 구호를 외치고, 학생들도 이를 따라 하도록 합니다.
3 "하늘!"을 외치면 본인 주먹 중 가장 밑에 있는 주먹을 펴서 손바닥으로 맨 위를 덮습니다. "땅!"을 외치면 가장 위에 있는 주먹을 펴서 손바닥으로 맨 아래에 깝니다.
4 더 빠르고 정확하게 손바닥으로 덮는 사람이 이깁니다. "하늘!"을 외친 사람이 이겼다면 상대는 "너는 하늘처럼 넓은 가능성을 가진 아이야, 어떤 꿈이든 마음껏 펼칠 수 있어."라는 말로 칭찬하고, "땅!"을 외친 사람이 이겼다면 상대는 "너는 땅처럼 든든하고 단단해, 한 걸음씩 차근차근 나아가는 힘이 있어."라는 말로 칭찬합니다.

유의사항

- 놀이 중에 자연스럽게 눈을 맞추고 박수 치는 순간이 올 때마다, "지금이 우리가 서로를 존중하고 우리의 관계가 자라는 시간이야."라고 인지시켜야 합니다.
- 결과에 따라 보상이나 벌을 주기보다, 서로를 응원하는 대화를 통해 함께 성장하는 경험을 하도록 유도합니다.
- 짝놀이인 만큼 승부에 지나치게 집착하지 않도록 놀이 의도를 충분히 설명합니다.

효과적인 수업 멘트

도입 오늘은 짝과 함께 웃고 응원하는 짝놀이를 해 볼 거야. 단순히 누가 이기고 지는지를 겨루는 게 아니라, 서로를 격려하고 기분 좋게 해주는 게 가장 중요한 놀이야. 짝과 함께 눈 맞추고, 박수 치고, 마음을 나누는 시간이 우리 반을 더 따뜻하게 만들 거야.

마무리 오늘 짝놀이를 하면서 어떤 순간이 가장 기억에 남았니? 누군가는 친구가 해 준 격려의 말이, 또 누군가는 웃으며 나눈 하이 파이브가 마음에 남았을 거야. 우리는 승부보다 더 소중한 걸 배웠어. 바로 서로를 존중하고, 함께 웃고, 응원하는 방법이야. 오늘의 따뜻한 마음을 우리 교실 속에서도 계속 이어 가자.

07
마음을 잇는 징검다리

준비물 팀빌딩 투게더 빙고판(학토재) 또는 원마커, 타이머

놀이 정보
한눈에 보기

이 놀이는 학토재 교구를 활용합니다. 커다란 빙고판이 미완성 징검다리 지도가 되고, 학생들은 친구들과 함께 안전한 길을 찾아 계곡을 건너야 합니다. 학생들은 위험한 길을 기억해 다음 친구에게 알려 주고, 안전한 길을 발견했을 때 함께 축하하는 하나의 팀으로 지도를 완성해 갑니다.

한 학생은 "친구가 알려 준 길 덕분에 성공했을 때 기뻤어요."라는 후기를 남겼습니다. 이처럼 '징검다리 놀이'는 단순한 팀 게임이 아니라, 함께 실수하고 함께 성공하는 과정에서 신뢰와 책임감을 길러 주고, 우리 반을 더 단단히 이어 주는 활동입니다.

◆ 사회정서교육 포인트

친구의 실패와 성공을 함께 기억하고 공유하는 과정에서 서로의 경험을 존중하는 관계 인식 역량을 기릅니다. 또한 미션 칸에서 질문에 답하고 경로 결정에 동의를 구하는 과정에서 협력적으로 소통하는 관계 관리 역량이 강화됩니다. 학생들은 단순히 빠르게 성공하는 것이 아니라, 서로 응원하며 공동의 목표를 향해 나아가는 경험을 통해 공감과 신뢰를 바탕으로 한 공동체적 가치를 배우게 됩니다.

◆ 추천 놀이 타이밍

창의적 체험활동 시간이나 체육 시간에 활용하기 좋습니다. 특히 모둠끼리 친해지고 협력 관계를 형성해야 하는 시기에 효과적입니다. 학기 초에는 새로운 모둠을 구성했을 때 친밀감을 쌓는 목적으로 적합합니다. 학기 중에는 협동학습 단원이나 도덕 교과에서 협력·관계 관련 가치 내용을 수업할 때 활용하면 '어려움도 함께라면 쉽게 극복할 수 있다!'는 공동체적 가치를 자연스럽게 배울 수 있습니다. 학기 말에는 우리 반이 함께 성장해 온 과정을 돌아보는 활동으로 진행하면, 성취감과 공동체 의식을 동시에 느낄 수 있습니다.

놀이 방법

1 교실 바닥에 빙고판이나 원마커를 펼쳐 놓습니다. 교사는 펼쳐진 판을 징검다리 지도로 삼아 미리 안전한 칸과 위험한 칸을 지정합니다. 교사가 모든 지도를 기억할 수 없으므로, 출력하여 보관하거나 이미지 파일상에 표시해 놓으면 실시간으로 지정된 칸의 위치를 확인할 수 있습니다.

2 모둠별로 순서를 정해 첫 번째 학생부터 차례로 도전합니다. 첫 번째 도전 학생이 발을 옮기는 순간부터 시간을 재기 시작합니다. 이동할 때는 앞으로 이동하며 대각선 이동도 가능합니다. 왼쪽, 오른쪽으로 평행 이동까지 가능하지만, 뒤쪽으로는 이동할 수 없습니다.

3 발을 디딘 칸이 위험한 칸이면 물에 빠진 것처럼 "퐁당!"이라고 외칩니다. 해당 학생은 지도 밖으로 퇴장하고 다음 학생이 도전을 이어 갑니다.

4 모둠원들은 방금까지 이동한 경로를 기억해 다음 주자가 더 잘 건널 수 있도록 알려 줍니다.

5 모둠원 모두 도전하지만, 1명이라도 최종 목표 칸에 도착하면 성공으로 간주하고 걸린 시간을 기록합니다. 가장 빠른 모둠이 승리합니다. 앞선 친구가 빠르게 도착하여 놀이에 미처 참여하지 못한 학생들이 생길 수 있습니다. 이럴 때는 직전 라운드에 참여하지 못한 학생이 다음 라운드 첫 번째 순서로 도전하는 규칙을 적용합니다.

6 징검다리 경로에는 미션 칸을 포함합니다. 미션 칸에 도착한 학생은 교사가 제시한 질문에 답해야 다음 칸으로 이동할 수 있습니다. 질문은 친구와의 관계, 따뜻한 말, 우리 반의 규칙 등을 주제로 합니다. 예를 들어 다음과 같은 질문을 할 수 있습니다. "나는 친구에게 어떤 모습으로 기억되고 싶을까?" "친구가 기분이 안 좋을 때, 내가 해줄 수 있는 말이나 행동은 무엇일까?" "우리 반이 서로 더 사이좋게 지내기 위해 꼭 지켜야 할 규칙은 무엇일까?"

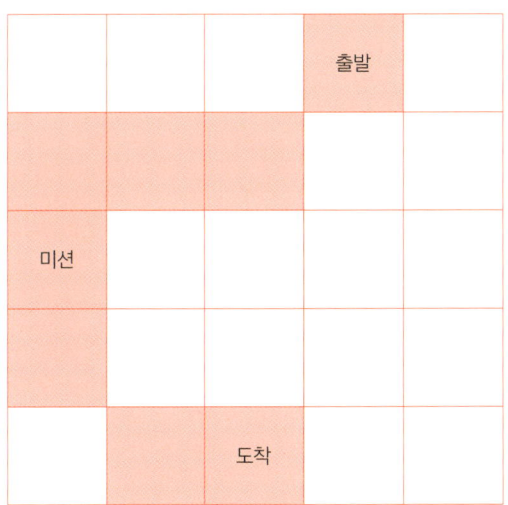

5×5 징검다리 지도 예시. 색칠된 곳이 제작 모둠이 정한 경로입니다.

다음 징검다리를 지도를 보면 출발 칸 바로 다음 칸이 대각선으로 움직여야 합니다. 이는 초반에 많은 시행착오를 의도한 설계로, 모둠원끼리 이전에 "퐁당!" 빠졌던 칸을 기억하고 서로 도움을 주는 놀이 취지가 잘 사는 설계입니다. 초반에는 경로를 기억하기 쉽지만, 미션 칸에서 미션을 한번 하고 나면 웃고 떠드는 사이 기존 경로를 잊어버려 다시 논의가 활발해집니다.

풍성한 놀이를 위한 플러스 α

- 빙고판 크기를 4×4, 5×5, 6×6 등 다양하게 바꾸어 난이도를 조절하면 아이들이 의욕을 잃지 않고 몰입할 수 있습니다.
- 미션 칸에서 다른 모둠 친구가 질문을 제시하도록 하면, 서로에 대해 더 깊이 이해하고 상호작용이 강화됩니다.
- 미션 질문에 대한 답을 듣고 교사와 학생의 과반수가 적합한 답이라고 동의해야 성공이라고 하면, 공동 합의의 경험까지 확장할 수 있습니다.

유의사항

- 아이들이 빠르게 도착하는 것에만 몰두하지 않도록, "친구와 어떻게 힘을 합쳐 길을 만들어 가느냐가 더 중요해."라는 안내를 반복합니다.
- 친구가 길 찾기에 실패했을 때 놀리지 않도록 안전한 분위기를 조성하고, "네가 알려 준 덕분에 길을 더 빨리 찾을 수 있겠어!"와 같은 긍정적 피드백을 격려합니다.
- 미션 칸 질문은 정답 찾기가 중요한 게 아니라, 우리 반의 생각과 마음을 나누는 기회임을 강조하며 어떤 답변이 나오든 지지를 보내도록 유도합니다.

효과적인 수업 멘트

도입 오늘은 빠른 물살이 흐르는 계곡을 건너 볼 거야. 이 놀이는 혼자 잘 가는 것보다 함께 길을 기억하며 도와주는 게 가장 중요해. 누군가의 실수는 모두를 위한 길잡이가 되고, 친구의 응원은 우리를 끝까지 건너가게 만드는 힘이 될 거야. 우리 반이 어떻게 협력해서 계곡을 건널지 기대된다!

마무리 오늘 놀이에서 어떤 순간이 가장 마음에 남았니? 누군가는 길을 알려 준 친구 덕분에 성공한 순간을 떠올렸을 거고, 또 누군가는 미션 질문에 답하며 우리 반의 소중한 규칙을 떠올렸을 거야. 우리는 단순히 강만 건넌 게 아니라, 함께 길을 만들고 서로의 목소리에 귀 기울이는 법을 배웠어. 오늘의 경험이 우리 반을 더 신뢰하고 협력하는 공동체로 만들어 줄 거야. 앞으로도 우리 사이의 징검다리를 계속 이어 가 보자.

08
레벨업 가위바위보

준비물 없음

놀이 정보
한눈에 보기

이 놀이는 가위바위보를 통해 친구와 만나고 상호작용하는 활동입니다. 가위바위보의 승패에 따라 레벨이 달라지는데, 나와 같은 레벨의 친구를 찾아 가위바위보를 이어 갑니다. 학생들은 상대를 이겼을 때 위로를, 상대에게 졌을 때 응원을 주고받습니다.

또한, 모둠별로 모여 "레벨을 숫자 대신 동물로 표현해 볼까?"처럼 새로운 규칙을 협의하고 실천하기도 합니다. 이처럼 '레벨업 가위바위보'는 만남 속에서 서로를 인식하고, 규칙 속에서 협력하며, 관계 안에서 함께 성장하는 힘을 길러 주는 활동입니다.

◆ 사회정서교육 포인트

같은 레벨의 상대를 만나 자연스럽게 인사 나누고 놀이하는 과정에서 관계 인식 역량을 기릅니다. 승패가 갈릴 때마다 서로를 격려하거나 위로하며, 단순한 경쟁을 넘어 관계 관리 역량을 확장하게 됩니다.

또한 활동 후 모둠별 성찰 시간을 통해 새로운 규칙을 함께 만들고 적용하는 과정을 경험하면서 타인의 의견을 경청하고 조율하는 협력적 소통 능력을 기르게 됩니다. 따라서 학생들은 만남과 대화를 통해 함께 성장하는 공동체적 가치를 배우게 됩니다.

◆ 추천 놀이 타이밍

준비물이 필요 없는 활동이기 때문에 갑작스럽게 놀이해야 할 때 활용하면 효과적입니다. 음악 시간에는 음악을 틀고 신체 표현을 곁들여 풍성하게 구성할 수 있습니다. 또한 영어 시간에는 배운 단어를 레벨 단계로 활용해 표현하게 하면, 언어 학습과 사회정서적 경험을 함께 확장할 수 있습니다.

놀이 방법

1 시작은 모두 레벨 1입니다. 학생들은 손가락을 머리 위로 들어 레벨을 표시합니다. 학생들은 머리 위에 손가락 1개만 편 채 교실 안을 자유롭게 돌아다니며 마주친 친구와 가위바위보를 합니다.

2 이기면 레벨이 하나 올라가고, 지면 그대로 유지합니다. 한번 올라간 레벨은 이후에 패배해도 깎이지 않습니다. 첫판 이후부터는 자신과 같은 레벨의 친구와 만나 가위바위보를 합니다.

3 레벨 10에 도달한 학생은 '천사'가 됩니다. 천사는 가위바위보를 하는 대신 교실을 돌아다니며 친구들의 레벨을 올려 주는 특별한 존재입니다. 천사는 레벨 10 미만의 학생과 양손 하이 파이브를 통해 레벨을 하나씩 줄 수 있으며, 같은 친구에게는 한 번만 레벨을 줄 수 있습니다. 천사 역할은 친구에게 응원을 건네는 긍정적 신체접촉을 통해 자존감을 높이고 공동체 내 긍정적 관계 형성을 돕습니다.

4 1분, 2분, 3분으로 제한 시간을 늘리며 총 3라운드를 진행하고, 라운드별 최고 레벨에 가장 먼저 도달한 학생에게 학급 전체가 박수로 축하해 줍니다.

5 활동이 끝난 후 모둠별로 모여 숫자 대신 동물 단계, 게임 아이템 등급, 색깔, 별 스티커 개수 등 레벨을 표현하는 방법과 가위바위보를 할 때 취해야 하는 동작, 건네야 하는 멘트 등 새로운 규칙을 만들어 발표합니다. 예를 들면 다음과 같습니다.

· 새로운 레벨 표현 예시
  씨앗 → 싹 → 새싹 → 잎 → 줄기 → 꽃봉오리 → 꽃 → 열매 → 큰 나무 → 숲의 왕
  폐품 → 초급 → 일반 → 매직 → 레어 → 고유 → 유니크 → 에픽 → 전설 → 신화

· 새로운 규칙 예시

　패배한 경우 상대에게 "너 멋졌어!"라고 칭찬한다.
　승리한 경우 펄쩍 뛰기 동작을 한다.
　레벨 5부터는 2명을 이겨야 레벨업을 할 수 있다.

6 각 모둠이 발표한 레벨 표시법과 규칙 중에서 학급 전체 투표로 각 1개씩 선정해, 바뀐 방식대로 마지막 라운드를 실행합니다.

풍성한 놀이를 위한 플러스 α

- 레벨업의 반대로 '레벨다운' 규칙을 추가하면 긴장감이 높아집니다(예: 레벨 2 이상에서 지면 레벨이 한 단계 내려간다).
- 가위바위보의 승패가 갈렸을 때 단순히 레벨만 표시하는 것이 아니라, 놀이 중 느낀 감정을 말이나 행동으로 표현하도록 하면 자연스럽게 자기 표현력을 기를 수 있습니다.
- 학생들이 개인 경쟁을 부담스러워하는 경우, 협동 버전으로 바꾸어 모둠 대항 가위바위보를 진행합니다. 내 친구가 잘하면 나도 도움을 받는다는 점에서 관계 인식 및 관리 능력이 강화됩니다.

유의사항

- 아이들이 레벨업에만 몰두하지 않도록, "이 놀이는 친구와 만나며 어떤 대화를 나누고 어떤 기분을 느끼는지가 더 중요해."라는 안내를 반복합니다.
- 계속 지거나 같은 레벨에서 머무는 학생이 소외감을 느끼지 않도록, 교사가 가위바위보 상대가 되어 레벨업 기회를 주거나 긍정적 언어로 격려합니다.

- 어떤 학생과 같은 레벨의 상대가 없을 경우, 교사가 가위바위보 상대가 되어 학생이 활동에 계속 몰입할 수 있도록 돕습니다.
- 새로운 규칙을 만드는 과정에서는 "모두 재치 있는 아이디어다!" 같은 말로 다양성을 인정하는 분위기를 조성합니다.
- 한 라운드가 끝난 후 성찰하는 시간에는 승패의 결과보다 가위바위보 중에 친구와 주고받은 말, 느낀 감정을 떠올리도록 안내하여 놀이 경험이 친구와 더 끈끈해지는 힘임을 깨닫도록 돕습니다.

효과적인 수업 멘트

도입 오늘은 친구들과 함께 가위바위보를 하며 레벨업 해 볼 거야. 한 단계씩 레벨업하는 재미도 있겠지만, 중요한 건 우리가 누구와 만나서 무슨 이야기를 나눴는지, 가위바위보 할 때 기분이 어땠는지, 서로를 어떻게 대했는지 기억하는 거야. 놀이가 끝나면 우리 반만의 특별한 규칙도 만들어 보자!

마무리 오늘 놀이에서 어떤 순간이 가장 기억에 남았니? 누군가는 이겨서 레벨이 올라갔을 때 기뻤을 거고, 또 누군가는 친구가 격려해 줘서 마음이 편해졌을 거야. 또 직접 새로운 규칙을 만들면서 서로의 생각을 존중하는 경험도 했어. 즐겁게 가위바위보를 하는 사이에, 서로를 인정하고 함께 성장하는 방법을 배운 거지. 오늘의 경험이 우리 반을 더 따뜻한 공동체로 만들어 줄 거야.

09
협동 공기놀이

준비물 공깃돌 5개, 타이머

놀이 정보
한눈에 보기

이 놀이는 모둠이 릴레이로 공기놀이 각 단계를 이어 가며 완성하는 협력 놀이입니다. 아이들은 각자 맡은 단계가 팀 전체의 성공과 연결된다는 점을 깨닫고, 친구의 역할과 강점을 인식합니다. 혼자 하던 공기놀이를 함께 도전하는 과정에서 서로의 존재가 얼마나 중요한지를 배울 수 있습니다.
한 학생은 "제가 실패했을 때 친구가 대신 해 줘서 고마웠어요."라고 말했고, 또 다른 학생은 "제가 성공했을 때 다 같이 박수쳐 줘서 기뻤어요."라는 후기를 남겼습니다. 이처럼 공기놀이는 익숙한 놀이에 협력 구조를 더해, 친구의 역할을 새롭게 인식하고 협력적인 관계를 다지는 활동입니다.

◆ 사회정서교육 포인트
단계마다 맡겨진 각자의 역할을 확인하고, 자신이 미처 몰랐지만 팀 내에서 친구들이 기여하는 부분을 새롭게 느끼며 관계 인식 역량을 기릅니다. 또한 친구의 실수를 격려하고 성공을 축하하는 과정에서 책임을 나누고 관계를 조율하는 관계 관리 역량이 강화됩니다.

◆ 추천 놀이 타이밍
창의적 체험활동 시간에 '전통 놀이 배우기'의 일환으로 편성하면 효과적입니다. 모둠 프로젝트 수업 전 협동심을 다져야 하는 시기에 도입하면 자연스럽게 팀워크를 강화할 수 있습니다.

놀이 방법

1. 4인 1모둠으로 구성해 각자 1~4단계(4단계를 맡은 학생은 꺾기까지)를 맡습니다. 모둠 인원이 홀수인 경우, 1명의 학생이 2개 단계를 담당해도 괜찮습니다. 공기놀이 방법은 유튜브를 통해 영상으로 안내하면 좋습니다. 마지막 '꺾기' 기술이 가장 어려운데, 여기서는 공중에 띄운 공깃돌을 받을 때 손바닥을 바구니 모양으로 바꾸어서 안전하게 받는 것도 허용합니다.

2. 처음에는 2명씩 짝을 지어 1~4단계를 모두 연습합니다. 이때 저마다 잘되는 단계와 어려운 단계를 공유하여, 어려운 동작을 도와주고 기술을 전수하면서 모둠 전체의 실력을 키웁니다.

3. 1단계부터 릴레이로 도전하며, 중간에 실패하면 성공할 때까지 해당 단계를 반복합니다.

4. 마지막 4단계 담당 학생은 '꺾기'를 완성합니다. 꺾기에서 공깃돌 5개를 쥘 때까지 반복하여 한 사이클을 완성합니다. 여기서 쥐어야 하는 공깃돌 개수는 누적하여 셉니다. 즉 직전 꺾기에서 3개를 잡는 데 성공했다면, 이번에는 2개만 잡아도 총 5개를 잡은 것으로 인정합니다.

5. 제한 시간 10분 동안 모둠원은 기록 경신을 위해 전략 회의를 하며 도전을 이어 갑니다.

6. 사이클 완성은 1점, 기록 경신은 2점으로 계산하여 모둠 점수를 합산합니다.

7. 최종 1등을 차지한 팀은 다음 라운드의 제한 시간을 변경할 수 있고, 한 사이클을 채우는 목표 나이를 변경할 수 있습니다.

풍성한 놀이를 위한 플러스 α

- 채점 방식을 다변화할 수 있습니다. '시간 중심 기록'은 5살짜리 한 사이클을 가장 빨리 완성한 모둠이 승리하는 방식이고, '갱신 횟수 중심 기록'은 제한 시간 안에 가장 많이 기록 경신한 모둠이 승리하는 방식입니다. 또한, 두 방식을 모두 시행해 보고 어떤 방식이 협력에 더 도움이 되었는지 토의하도록 하면, 팀워크의 의미를 돌아볼 수 있습니다.
- 기록 경신을 위해 어떤 전략을 세웠는지 발표하도록 하면, 모두가 더 협력적인 방법을 찾는 데 도움이 됩니다.
- 내 단계에서 친구에게 도움을 받으면, 나도 그 친구가 맡은 단계에서 반드시 도움을 주어야 하는 품앗이 방식을 적용할 수 있습니다. 이로써 협력의 의미와 책임감을 동시에 키울 수 있습니다.

유의사항

- 타이머를 일부러 늦게 눌러 기록 경신하려는 편법을 쓸 수 있는데, 결과적으로 제한 시간을 효율적으로 쓰지 못해 전체 사이클 점수 얻지 못할 수도 있으므로 사전에 주의를 줍니다.
- 특정 단계에서 계속 실패하는 학생이 위축되지 않도록, 다른 단계 친구와 역할을 바꿀 수 있도록 하거나 "네가 포기하지 않고 시도해 줘서 우리 반이 또 다른 마음가짐을 배울 수 있었어!"와 같은 긍정적 멘트를 전합니다.
- 공기놀이에 익숙한 학생이 혼자 모든 단계를 해결하지 않도록 제한하고, 해당 놀이가 릴레이 방식임을 강조합니다.
- 놀이 후에는 기록이나 점수를 강조하기보다 "함께했을 때 더 좋았던 순간" "나를 도와줘서 고마웠던 친구" "내가 도와줘서 뿌듯했던 순간"에 대해 질

문하여 학생들이 관계 속에서 성장하는 경험을 재확인하도록 합니다.

효과적인 수업 멘트

도입 오늘은 모둠이 함께 공기놀이를 해 볼 거야. 모둠원이 각자 단계를 맡고 릴레이처럼 공기놀이를 이어 가는 방식이지. 마지막 친구가 손등에 공깃돌을 올린 만큼 나이를 먹는 거야. 예를 들어 3개를 올리면 3살을 먹는 거고, 이걸 반복해서 우리 모둠이 5살이 될 때까지 도전하는 거야. 중요한 건 누가 제일 잘했는지가 아니라, 서로 응원하고 힘을 모아 5살을 함께 만들어가는 거라는 걸 꼭 기억하자.

마무리 오늘 우리는 친구들과 함께 하나의 공기놀이를 완성했어요. 손등에 공깃돌을 올리고 5살이 되는 순간까지 모둠이 한마음으로 긴장했죠. 누군가 실패했을 땐 친구가 나서서 도와주었고, 성공했을 땐 함께 환호했어요. 우리는 단순히 공깃돌을 던진 게 아니라, 서로를 믿고 협력하는 방법을 배운 거예요. 앞으로도 우리 반이 매일매일 협력하며 성장하는 공동체가 되길 기대해요.

10

10초 릴레이 그림

준비물 필기도구, A4용지

놀이 정보
한눈에 보기

이 놀이는 학생들이 차례로 정보를 이어 주며 하나의 그림을 완성하는 협력 놀이입니다. 아이들은 각자 교사가 제시한 그림을 짧은 시간 동안 관찰해서 다시 자기들만의 그림으로 표현해야 합니다. 놀이 중에 아이들은 "내가 놓친 부분은 친구가 잘 기억했구나!" "괜찮아, 다음 기회에 고치면 돼." 같은 대화를 나누며 서로를 지지합니다. 모둠원의 릴레이 그리기가 끝나면 1분간의 공동 보완 시간을 통해 다양한 의견을 주고받고 협의합니다.

이처럼 10초 릴레이 그림은 제한된 조건이라는 스트레스 상황에서도 친구의 노력을 인정하고 의견 차이를 조율하며 공동의 결과를 만드는 힘을 동시에 길러 주는 활동입니다.

◆ 사회정서교육 포인트

차례로 관찰한 정보를 전달하고 그림으로 표현하는 과정에서 관계 인식 역량을 기를 수 있습니다. 아이들은 친구가 주목한 요소와 내가 주목한 요소가 다를 수 있음을 확인하며 차이를 존중하게 됩니다. 차례마다 주어지는 짧은 대화 시간을 통해 다음 친구에게 집중할 부분을 전하며 협력하는 경험을 하고, 마지막 보완 시간에는 합의를 이루면서 관계 관리 역량을 키웁니다.

◆ 추천 놀이 타이밍

미술 시간에 활용하면 효과적입니다. 짧은 시간에 빨리 그려야 하므로 그림 실력과 상관없이 누구나 미술 활동에 흥미를 느끼고 자신감을 가질 수 있습니다. 또는 수학 교과에서 도형을 배우기 전에 '여러 가지 도형'을 주제로 활동하면, 자연스럽게 도형에 친숙해지도록 할 수 있고 학생들의 학습 동기도 높아집니다. 놀이에서 경험한 도형이 교과 학습으로 이어져, 추상적인 도형 개념을 더 쉽게 이해하는 데 도움을 줍니다.

놀이 방법

1 4인 1조로 모둠을 구성합니다. 홀수 인원일 때는 1명의 학생이 1회 더 참여하는 방식으로 진행할 수 있습니다. 각 모둠에서 어떤 순서로 그림을 그릴지 정하고, 첫 번째 대표가 앞으로 나와 교사가 보여 주는 그림을 10초간 관찰합니다. 이때 그림은 학생들이 특징을 분명히 기억할 수 있도록 여러 형태의 도형을 이용한 그림이면 좋습니다.

2 대표는 모둠으로 돌아가 A4용지에 자신이 기억한 그림을 10초간 그립니다. 이때 그리는 학생은 말을 하면 안 됩니다.

3 제한 시간이 끝나면 그림을 보고 다시 10초 동안 모둠원끼리 대화를 나눕니다. 어떤 부분을 더 유심히 봐야 하는지, 어떤 부분을 보완해야 하는지, 그리고 다음 대표가 집중해서 살펴야 할 포인트가 무엇인지 정리합니다. 단, 직전 라운드에서 그림을 그린 학생들은 직접 말할 수 없으며, 친구들의 질문에 오직 "예" "아니오"로만 답할 수 있습니다.

4 두 번째 대표가 나와 동일한 과정을 반복합니다. 이후 세 번째, 네 번째 대표도 마찬가지입니다.

5   모든 모둠원의 차례가 끝나면 모둠 전체가 마지막으로 1분간 서로의 기억을 짜맞추고 의견을 조율하며 그림에서 잘못된 부분을 수정합니다.

6   토의가 종료되면 교사가 정답 그림을 공개하고, 모둠 그림 속에 정답 요소가 얼마나 포함되었는지를 확인해 점수를 부여합니다.

7   점수가 가장 높은 모둠은 다음 라운드의 출제자가 되어 새로운 그림을 그려 제시합니다.

풍성한 놀이를 위한 플러스 α

- 마지막 대표가 그림을 그릴 때 다른 모둠원들이 짧은 말 몇 마디로 힌트를 주도록 합니다. 예를 들어, "삼각형 위에 네모 있었어" "원 옆에 작은 세모"처럼 짧고 구체적인 말만 허용합니다.
- 한 라운드가 끝나면 모둠별로 짤막한 전략 회의 시간을 부여하여, 잘된 점과 보완할 점을 정리하도록 하면 협력적 사고와 응용력을 동시에 기를 수 있습니다.
- 놀이 전 미술 활동 시간에 그린 학생들의 그림을 문제로 활용할 수 있습니다. 학생들은 처음부터 출제자와 응시자의 입장을 모두 경험할 수 있으며 참여 동기가 강화됩니다.

유의사항

- 아이들이 그림을 정밀하게 모사하기보다, 릴레이로 서로의 기억을 연결하고 시각의 차이를 발견하는 과정 자체를 즐길 수 있도록 안내합니다.
- 그림이 정답과 어긋날 때 비웃거나 지적하지 않도록 합니다.
- 협력 교육의 핵심인 10초간 대화 시간을 학생들이 소홀히 여기지 않도록

중요성을 강조합니다.
- 1분 보완 시간에는 특정 학생이 주도하기보다 모두의 의견이 반영되도록 각자 기억하는 부분을 모두 말해 보자고 안내합니다.

효과적인 수업 멘트

도입 오늘은 우리가 릴레이로 그림을 그려 볼 거야. 선생님이 준비한 문제 그림을 한 명씩 보고 돌아와서 10초 동안 이어 그리고 여러분과 대화를 나누는 릴레이 놀이야. 중요한 건 누가 그림을 잘 그리는지가 아니라 같은 그림을 봐도 서로 다르게 표현할 수 있다는 차이를 존중하는 거야. 마지막에는 1분 동안 모둠끼리 대화하며 그림을 보완할 수 있으니까 너무 긴장하지 말고. 그럼, 재미난 그림으로 협력하는 힘을 키워 보자.

마무리 오늘 놀이에서 기억에 남는 순간이 있었니? 어떤 친구는 전혀 다른 그림을 그렸지만, 친구와 대화하면서 정확하게 완성할 수 있었지. 또 어떤 모둠은 마지막 보완 시간에 의견을 모아 정답에 가까운 그림을 만들었어. 우리가 오늘 배운 건, 서로 다른 시선을 가진 우리가 협력해 하나의 멋진 결과를 만들 수 있다는 거야. 앞으로 우리 반에서 공부할 때나 놀이할 때도 자유롭게 의견을 나누고 서로 다른 부분은 맞춰 가는 연습을 해 보자.

4

공동체 가치 인식 및 관리: 사회의 일원으로 함께 살아가는 힘 기르기

교실은 학생들이 더불어 살아가는 방식을 배우는 작은 사회이자, 더 큰 사회로 나아가기 위한 훈련의 장입니다. 사회정서역량 중 '공동체 가치의 인식 및 관리'는 내가 속한 집단에서 나만의 역할을 인식해 기여하고 성장하는 역량입니다. 이 역량은 집단의 규칙을 따르고 공정한 방법으로 집단에 참여하며, 공동의 목표를 이루기 위해 함께 책임지는 경험 속에서 자랍니다.

사회에서 직접 경험하려면 부담이 크지만, 놀이 안에서 안전하게 연습할 수 있습니다. 협동과 공유를 중심으로 하는 놀이는 각자의 작은 기여가 전체 성과에 어떤 영향을 미치는지를 보여 줍니다. 학생들은 서로의 차이를 존중하면서 함께 성취를 이루는 기쁨을 맛봅니다. 갈등이 생기더라도, 교사의 안내로 공동체가 잘 유지될 수 있는 방법을 찾으며, 모든 선택에는 자신이 책임 져야 하는 부분이 있다는 점을 기억합니다.

앞으로 소개할 놀이를 통해 교실은 개인의 성취를 넘어 더불어 살아가는 힘을 배우는 훈련장이 되며, 학생들은 성숙한 시민으로 성장하게 될 것입니다.

공동체 가치 인식 및 관리 놀이와 SEL 효과 한눈에 보기

놀이 \ SEL 효과	공감의 확장과 사회적 연대감 형성	협력과 공동 성취의 내면화	집단적 의사소통과 공동의 표현 능력 강화	다양성 존중과 관점 통합의 경험	긍정적 공동체 문화와 소속감 강화	공동체 유지와 회복을 위한 성찰 능력
"나도 그래!" 공감 자리 바꾸기	○			○	○	○
바라면 이루어지는 좋아바 회의		○	○		○	
공동체를 잇는 딕싯		○		○	○	
소외 없는 레고 쌓기	○		○			○
공감 릴레이 시 쓰기	○	○		○		○
마음 나눔 3칸 편지	○	○			○	○
우리의 마음, 우리의 탑		○	○		○	○
응원 폭발 보드게임	○	○	○		○	
밀고 당기는 한마음 글자 쓰기		○	○		○	○
어제보다 돈독한 우리의 피라미드	○		○	○	○	

01
"나도 그래!" 공감 자리 바꾸기

준비물 활동지

놀이 정보
한눈에 보기

이 놀이는 서로의 감정을 확인하고 공감하며 공동체 안에서 연결감을 느끼는 자리 이동 놀이입니다. 한 학생이 중앙에 서서 감정 상황을 말하면, 공감하는 친구들은 "나도 그래!"를 외치며 자리를 바꿉니다. 자리를 바꾸는 순간에 학생들은 동질감을 느끼기도 하지만, 자리를 바꾸지 않은 상태로도 다른 감정을 가진 친구를 바라보며 자신과 타인의 차이를 느낄 수 있습니다. 공감과 차이가 어우러지는 경험은 교실을 더욱 풍성하게 만들고, 학생들이 서로를 존중하며 소속감을 키웁니다. 이처럼 "나도 그래!" 공감 자리 바꾸기는 학생들이 공동체 안에서 연결되고 기여하는 경험을 통해 자신이 공동체의 일원임을 확인하고 힘을 얻는 활동입니다.

◆ 사회정서교육 포인트
자리 이동이 많든 적든, 학생들은 서로의 감정을 존중하며 다양성 수용과 경청 태도를 배웁니다. 감정을 표현하고 공감하는 경험을 반복하면서 교실을 안전한 감정 공유의 장으로 만들 수 있으며, 이는 학생들의 공동체 가치의 인식과 관리 역량을 자연스럽게 길러 줍니다.

◆ 추천 놀이 타이밍
학기 초 관계 형성 활동으로 특히 적합합니다. 또한 3장 「마음 업그레이드, 너도나도」 놀이와 같은 언어 중심 공감 활동에 이어서 진행하면, 감정을 말과 동시에 몸으로 표현하는 경험을 확장할 수 있습니다.

놀이 방법

1 학생들은 의자를 원형으로 배치해 둘러앉고, 한 명이 중앙에 섭니다.

2 중앙에 선 학생은 감정 상황을 말합니다. 감정 상황은 다음처럼 자신은 특정한 감정을 느낀 상황을 한 문장으로 제시하면 됩니다. "친구랑 다투고 나서 마음이 불편했어요." "모둠 활동에서 내 의견이 안 받아들여져서 속상했어요." "시험 문제를 잘 풀었을 때 뿌듯했어요." "혼자 밥을 먹을 때 외로웠어요."

3 교사가 "하나, 둘, 셋!" 신호를 외치면, 해당 감정 상황에 공감하는 학생들은 "나도 그래!"를 외치며 자리를 이동합니다. 해당 감정 상황에 공감하지 않는 학생은 그대로 앉아 있으면 됩니다.

4 일어났으나 빈자리를 얻지 못한 학생이 다음 라운드의 출제자가 되어 활동을 이어 갑니다.

5 활동이 끝나면 활동지를 작성합니다. 작성한 활동지를 들고 친구 3명을 만나야 하며, 만날 때마다 활동지의 질문 중 하나를 선택해 대화를 나눕니다. 친구 3명에게 모두 다른 질문을 고릅니다. 대화를 마치면 자기 자리에 앉아 활동지를 다시 읽습니다.

풍성한 놀이를 위한 플러스 α

- 감정 상황을 말할 때 표정이나 몸짓을 곁들이도록 하면 공감의 몰입도가 높아집니다.
- 한 라운드가 끝난 뒤, "어떤 감정에 공감이 많이 모였는지, 왜 그랬는지?"를 주제로 짤막하게 후기를 나누면 학생들의 성찰이 깊어집니다.
- 중앙에 원 마커를 두고 자리 이동 시 반드시 밟고 가도록 하면 학생들의 집중력이 올라가고, 재미 요소를 더할 수 있습니다.
- 마지막 라운드에는 모둠원 모두가 앞으로 나와서 협의한 뒤, 가장 공감을 많이 받을 것 같은 감정 상황을 외치는 방식으로 변형할 수 있습니다. 처음부터 이미 모둠원 다수의 공감을 산 감정 상황을 고르게 되므로, 혼자 생각할 때보다 공동체로 생각할 때 큰 힘을 발휘한다는 점을 자연스럽게 익힐 수 있습니다.

유의사항

- 교사가 "아침에 일어나기 힘들었어.", "체육 시간에 신났어."처럼 일상적인 감정 상황 예시를 준비하면, 감정 표현이 서툰 학생도 참여하기 쉽습니다.
- "나도 그래!"가 놀이 진행을 위한 반사적인 외침에 그치지 않도록, 공감하는 표현이 존중받아야 한다는 점을 안내합니다.
- 소수의 학생이 움직이는 것도 똑같은 공감 경험임을 알려 주어 다양성이 존중받는 분위기를 만듭니다.
- 학생들이 '공감할 만한 감정 상황'에 대해 잘 모를 때는 "어제 집에서 나 혼자 겪은 특별한 일"처럼 자기만 아는 상황을 먼저 말해 보도록 하고 "시험 보기 전 떨렸던 경험"처럼 많은 친구가 똑같이 겪는 상황을 제시하여 비교합니다. 이를 통해 학생들은 개인적 감정과 공동체적 공감의 차이를 자연

스럽게 구분합니다.
- 빠르게 자리를 이동하려다가 안전사고가 발생할 수 있으므로 다른 친구를 밀치거나 전력 질주하지 않도록 주의를 줍니다.

효과적인 수업 멘트

도입 오늘은 서로의 감정을 나누면서 우리가 얼마나 연결되어 있는지를 느껴 보는 놀이를 할 거야. 중앙에 선 친구가 감정 상황을 말하면, 그 기분에 공감하는 친구들은 서로 일어나서 자리를 바꾸면 돼. 중요한 건 자주 움직였느냐가 아니라, 놀이하는 모든 순간에 우리의 마음이 가까워진다는 거야. 이번 활동을 통해 우리가 서로에게 어떤 힘이 되는지를 함께 경험해 보자.

마무리 오늘 활동하면서 어떤 순간이 기억에 남았니? 누군가의 말에 많은 친구가 자리에서 일어나 움직였을 때, 우리는 그 친구의 감정을 우리도 똑같이 느낀다는 걸 알았어. 또 어떤 감정은 내가 잘 모르는 감정이었지만, 새롭게 알아가는 재미가 있었지. 우리가 배운 건 자리를 빨리 바꾸는 방법이 아니라, 서로의 감정을 나누며 우리 교실이 점점 더 따뜻한 공동체가 된다는 거야. 앞으로도 이런 마음으로 서로에게 힘이 되는 우리 반이 되면 좋겠다.

활동지

"나도 그래!" 공감 자리 바꾸기

· 오늘 내가 가장 공감했던 친구의 말은?
....
....

· 친구가 나의 감정을 이해해 줄 때 어떤 기분이 들었나요?
....
....

· 나는 앞으로 친구의 감정을 어떻게 존중해 줄 수 있을까요?
....
....

· 오늘 활동을 통해 내가 새롭게 알게 된 감정은?
....
....

02
바라면 이루어지는 좋아바 회의

준비물 활동지, 붙임쪽지

놀이 정보
한눈에 보기

'좋아바'란 '좋았던 점, 아쉬웠던 점, 바라는 점'의 앞 글자를 딴 표현으로, 우리 반의 하루를 돌아보고 더 좋은 교실을 만들기 위한 아이디어를 모으는 활동입니다. 특히 우리 반에 바라는 점을 제안하는 데서 그치지 않고, 육하원칙에 따라 구체적인 실행 계획까지 발전시키는 것이 핵심입니다. 여기서 바람은 개인적인 소망이 아니라 우리 반을 더 따뜻한 공간으로 만들기 위한 바람입니다. 학생들은 "쉬는 시간에 욕하지 않았으면 좋겠다." "청소 시간에 다 같이 청소하면 좋겠어."와 같은 바람을 나눕니다. 처음엔 바라던 바가 제각각이지만 회의를 거치며 점차 한 방향으로 모입니다. 한 학생은 "내가 쓴 바람이 우리 활동으로 이어진 게 신기했어요."라는 후기를 남겼습니다. 이처럼 '좋아바 회의'는 건강한 회의 경험을 통해 공동체 가치를 인식하는 활동입니다.

◆ 사회정서교육 포인트
구체적인 계획을 세우고, 개인의 바람이 공동체의 발전으로 실현되는 과정을 보며 공동체 안에서 나의 역할과 책임을 인식하고, 친구들의 의견을 존중하며 공정하게 의사결정하는 방법을 배우게 됩니다. 또한 함께 만든 계획을 실천하며 공동 성취와 연대감을 느끼고, 결과보다 과정을 중시하는 공동체 가치의 인식과 관리 역량이 길러집니다.

◆ 추천 놀이 타이밍
학급 회의에 적용하면 회의 절차에 대한 지식도 학습하게 되고, 자신의 의견이 학급 운영에 반영되는 결과를 보면서 공동체 일원으로서 자신을 인식하는 데 도움이 됩니다. 또한 도덕 교과 수업이나 일주일을 시작하는 월요일 아침 활동으로 진행하면 교실의 공동체적 분위기를 형성하는 데 큰 도움이 됩니다. 특히 학급에서 학생들의 요구사항이 많아지는 시기에 좋아바 회의를 열면, 단순한 불만 해소를 넘어 서로의 의견을 존중하고 실제 실행할 방법을 함께 찾으면서 공동체 가치의 인식과 관리 역량이 더욱 성장할 수 있습니다.

놀이 방법

1 각자 활동지에 우리 반의 좋았던 점, 아쉬웠던 점, 바라는 점을 적습니다. 바라는 점에는 개인적인 바람이 아니라 우리 반을 더 따뜻하게 만들 만한 아기자기한 공동체 규칙을 제안하도록 안내합니다. 예를 들면 다음과 같습니다.
  - 아침에 처음 만나면 서로에게 인사 건네기
  - 일주일 동안 오늘의 기분을 날씨로 표현하기
  - 친구에게 하루에 1회 따뜻한 말 남기기

2 모둠별로 돌아가며 작성한 내용을 공유하고, 공통으로 나온 바람을 골라 모둠별 의견으로 정리합니다.

3 모둠별 의견을 학급 전체가 듣고, 칠판이나 활동지에 기록합니다.

4 나온 의견 중 학급 모두가 공감하는 바람을 무엇으로 정할지 투표합니다. 투표는 다수결로 진행합니다. 동점이 나오면 각 모둠 대표가 앞에 나와 안건을 상정한 이유를 설명하고 친구들을 설득한 뒤 재투표를 진행합니다. 이런 과정을 거치면 의견이 다른 친구와 건강하게 토론하고, 친구들의 이야기를 경청하는 의사소통 역량을 강화할 수 있습니다.

5 다득표로 대표 바람이 선정되면 어떻게 실현하면 좋을지 모둠별로 육하원칙(언제, 어디서, 누가, 무엇을, 어떻게, 왜)에 따라 구체적으로 계획합니다.

6 모둠이 발표한 실천 계획을 칠판에 모두 기록합니다. 학생들은 계획을 읽어 보고, 가장 효과적이거나 모두가 참여할 수 있다고 생각되는 항목에 스티커 등으로 투표합니다. 표가 많이 모인 요소들을 중심으로 학급 전체가

토의하여, 여러 계획의 장점을 모은 하나의 '학급 공동 계획'을 완성합니다.

7 학급 전체 계획을 바탕으로 '우리 반 실천 약속'을 한 문장으로 정리해 칠판이나 활동지에 기록합니다.

8 각자는 활동지에 오늘 공감한 바람과 내가 실천할 수 있는 작은 다짐을 적어 정리합니다.

9 마지막으로 2~3명이 자율 발표를 하고, 전체 약속과 개인 다짐을 확인하며 마무리합니다.

좋아바 회의록

좋았던 점	아쉬웠던 점
1. 선생님이 좋다 2. 급식이 맛있다 3. 교실 바닥이 깨끗하다 4. 림보 놀이를 한다 5. 핫도그 먹어서 좋았다	1. 오늘 급식이 맛있게 안 나왔다
바라는 점	선생님 한 말씀
1. 장기자랑 2. 반 티셔츠 맞추기 3. 영화 보기 4. 보드게임 하기 5. 중정 나가서 놀기 6. 여름 협동 미술 활동하기 7. 교실 놀이 하기 8. 마니또 9. 학급 대회	1. 친구를 도와주고, 친구의 이야기를 잘 들어주는 우리 반이 됩시다. 2. 쉬는 시간에 수업 준비 미리 하기

한 학생의 회의록을 보면 개인적인 사항까지 포함하여 좋았던 일과 아쉬웠던 일을 적었습니다. 학생들이 자유롭게 생각 속에서 회의 안건이 나올 수 있으므로 어떤 내용이든 장려하는 것이 좋습니다. 여기서는 학생이 느낀 '림

보 게임 하던 좋은 기억'과 '학급 대회가 있으면 좋겠다는 바람'이 합쳐져 '학급 림보 대회'가 안건으로 상정되었습니다.

좋아바 학급 회의	우리가 고른 바라는 점
1. 최근 우리 반 돌아보기 · 좋았던 점: 피자 먹은 거, 영화 본 거, 교실 놀이 한 거, 산책한 거 · 아쉬웠던 점: 친한 친구랑 짝이 안 된 거, 쉬는 시간이 빨리 끝난 거 · 바라는 점: 교실 놀이를 더 하고 싶다, 쓰레기통이 교실 앞쪽에도 있으면 좋겠다	2. 오늘 우리가 바라는 점은? · 가장 마음에 드는 바라는 점: 한 달에 한 번 학급 대회 열기 · 왜 이 바라는 점이 필요할까요: 재미있을 것 같아서, 친구들과 더 친해지려고
실현 계획 세우기(육하원칙)	나의 실천 다짐
3. 실현 계획 세우기 - 육하원칙으로 생각해요! · 언제: 월요일(6교시) · 어디서: 중정 마당 · 누가: 우리 반 · 무엇을: 림보, 단체 줄넘기 · 어떻게: · 왜: 재미있고 친구들과 더 친해지려고, 유연성을 기르려고 · 우리가 정한 실천 문장(우리 반은 ~하기로 해요!): 림보를 열심히 하자! 파이팅!	· 내가 공감한 오늘 바람은: 한 달에 한 번 학급 대회 · 우리가 함께 만든 약속은: 월요일 6교시 림보 대회 · 내가 실천할 수 있는 일 한 가지: 열심히 참여한다

이어서 회의 내용을 전체적으로 정리하고 구체적인 실현 계획을 세웁니다. '실현 계획 세우기'를 보면 '어떻게'에 해당하는 내용이 누락된 것을 볼 수 있습니다. 채운다면 림보 대회를 누가 준비할 건지, 대회 진행 방식은 토너먼트인지, 우승자에게는 어떤 상품이 있는지 같은 내용이 들어갈 수 있습니다. 구체적인 계획을 세우는 부분에서는 이처럼 학생들이 어려워할 수 있으므로 교사가 순회 지도하며 자신의 바람을 구체화할 수 있도록 도와줍니다.

> **풍성한 놀이를 위한 플러스 α**
>
> - 바라는 점을 선정할 때 왜 이 안건에 투표하는지 이유를 함께 적도록 하면 실천 동기가 더 분명해집니다. 투표가 무기명이므로 이유를 적을 때도 개인정보가 드러나지 않도록 안내합니다.
> - 놀이를 실제로 실행한 뒤에는 학생들에게 짧은 글쓰기나 그림일기로 경험을 정리하게 하면, 회의에서 세운 계획이 실제 활동으로 이어진 성취감을 되새길 수 있습니다.
> - 학급에서 만든 약속이나 놀이 계획을 벽면에 게시판처럼 꾸며 상시 확인 가능하게 하면, 공동체 약속이 단순한 종이 기록이 아니라 생활 속 실천으로 이어집니다.

유의사항

- 활동을 시작하기 전에, '지난주 우리 반에서 함께 겪었던 최고의 순간 1가지'에 대해 먼저 이야기 나누면 학생들이 바라는 점을 떠올리기가 한결 쉬워집니다. 우리 반에서 겪은 최고의 순간으로는 예를 들어 '함께 피자를 먹었던 일' '모둠 활동이 잘 되었던 순간' 등을 들 수 있습니다.
- 교사도 회의에 참여하여 직접 의견을 내고 함께 고민합니다. 동시에 학생들이 제안한 바람이 실현될 수 있도록 방향을 잡아 주고 필요한 자원을 함께 찾는 조력자 역할을 합니다.
- 모둠 협의 시간에는 소수 학생의 의견도 놓치지 않고, 모두가 적극적으로 참여할 수 있도록 순회 지도합니다.
- 학생들이 하나하나 계획을 완성할 때마다 단계별로 칭찬하여 성취감을 느끼게 합니다.
- 지도할 때 '우리'라는 표현을 자주 사용하여, 학생들이 공동체의 일원으로

서 서로를 지지하고 책임감을 느낄 수 있는 분위기를 만듭니다.

효과적인 수업 멘트

도입 우리 반에서 더 즐겁게 지내려면 무엇이 필요할까? 그냥 하고 싶은 걸 말하는 데서 끝나는 게 아니라, 우리가 함께 계획하고 준비해서 진짜 이루어내는 경험을 해 보자. 오늘은 각자의 바람을 모아 우리 반 전체의 계획으로 키워 가는 회의를 할 거야. 작은 생각이 모이면, 우리 반이 더 따뜻하고 힘 있는 공동체가 될 수 있단다.

마무리 오늘 너희가 적은 바람을 함께 계획하고 약속하면서 우리 모두의 활동으로 자라났어. 림보대회를 하자고 한 친구의 생각이 반 전체의 계획으로 이어진 것처럼, 작은 아이디어도 우리가 함께 움직이면 현실이 될 수 있단다. 앞으로도 우리가 함께 세운 약속을 지키며, 우리 반이 서로에게 힘이 되고 기쁨이 되는 공동체로 자라길 바라!

— 활동지 —

좋아바 회의록

좋았던 점	아쉬웠던 점
바라는 점	선생님 한 말씀

행복한 우리 반 만들기

좋아바 학급 회의	우리가 고른 바라는 점
1. 최근 우리 반 돌아보기 · 좋았던 점: · 아쉬웠던 점: · 바라는 점:	2. 오늘 우리가 고른 바라는 점은? · 가장 마음에 드는 바라는 점: · 왜 이 바라는 점이 필요할까요:
실현 계획 세우기 - 육하원칙	나의 실천 다짐
· 언제: · 어디서: · 누가: · 무엇을: · 어떻게: · 왜: · 우리가 정한 실천 문장(우리 반은 ~하기로 해요!):	· 내가 오늘 공감한 바람은: · 우리가 함께 만든 약속은: · 내가 실천할 수 있는 한 가지:

공동체 가치 인식 및 관리

03
공동체를 잇는 딕싯

준비물 딕싯 보드게임 카드, 붙임쪽지

놀이 정보
한눈에 보기

이 놀이는 기존의 보드게임을 활용하는 놀이로, 학생들이 각자 받은 카드 속 그림을 보고 떠올린 다양한 이야기를 연결하여 한 편의 공동 이야기를 만드는 협력 활동입니다. 이야기의 논리적인 구조보다 한 편의 이야기를 완성하는 데 중점을 두고 공동체적 상상력을 키웁니다.

한 학생은 "제 이야기가 반 전체 이야기 안에 들어간 게 신기했어요."라고 했고, 또 다른 학생은 "우리 모둠 이야기만 해도 재밌었는데, 학급 전체가 이어지니까 더 대단했어요."라는 후기를 남겼습니다. 이처럼 딕싯 놀이는 다양한 생각을 존중하고 하나로 모으는 과정을 통해, 아이들이 공동체 가치의 인식과 관리 역량을 기르는 활동입니다.

◆ 사회정서교육 포인트

개인의 상상이 짝, 모둠, 학급 전체 이야기로 점차 확장되는 과정에서 공동체 가치 인식과 관리 역량을 기르는 데 효과적입니다. 아이들은 카드 속 그림을 해석하며 서로 다른 이야기를 나누고, 다양한 관점을 하나의 성취로 모아 가는 공동체의 작동 원리를 체득합니다. 또한 자신의 작은 아이디어가 공동체의 성취로 발전하는 것을 보며 소속감과 책임감을 내면화합니다.

◆ 추천 놀이 타이밍

국어 교과의 '이야기' 단원 도입부에 활용하면 좋습니다. 교과서 속 제재 대신, 학생들이 만든 이야기를 제재로 삼으면 수업 몰입도가 높아지고 학생들에게 효능감도 심어 줍니다. 또한 학기 말 프로젝트나 블록타임 수업, 동아리 활동에 활용하면 효과적입니다.

놀이 방법

1. 학생들은 각자 딕싯 카드 1장을 받습니다.

2. 카드를 1분간 관찰하고 머릿속에 떠오른 이야기를 붙임쪽지에 간단히 정리합니다.

3. 발표를 원하는 학생을 중심으로 자신의 이야기를 짧게 공유합니다.

4. 그다음은 짝 활동으로, 두 학생이 서로의 이야기를 듣고 한 이야기로 묶어 새로운 줄거리를 만듭니다.

5. 같은 원리로 4인 모둠을 구성하고 모둠원의 이야기를 한 이야기로 묶습니다.

6. 완성된 이야기는 패들렛이나 칠판에 공유합니다.

7. 교사는 챗봇을 활용하여 모든 모둠 이야기를 유기적으로 연결해 학급 전체의 공동 이야기를 완성한다.

[딕싯 카드 그림] 달빛 아래 우산을 든 아이
① 내가 만든 이야기 어두운 밤, 비를 맞으며 집에 가는 아이는 조금 무서웠지만, 우산 위로 떨어지는 빗소리를 들으며 마음을 다잡았다. '괜찮아, 곧 집이야.'
② 짝이 만든 이야기 아이 앞에 떨고 있는 강아지가 있었다. 강아지는 비에 젖어 온몸이 추워 보였다. 아이는 우산을 조금 내려 강아지가 더 젖지 않게 비를 막아 주었고, 강아지는 조용히 아이 뒤를 따라왔다.
③ 나와 짝이 만든 이야기 비 내리는 골목길을 혼자 걸어가던 아이는, 우산 아래로 들어온 강아지와 함께 천천히 걸었다. 어둡고 무서운 길이었지만, 둘이라서 외롭지 않았다. 아이는 처음으로 '혼자가 아니라서 든든하다!'는 기분을 느꼈다.

④ 모둠이 함께 만든 이야기
(③에 이어서) 아이와 강아지는 길에 떨어진 편지 한 통을 발견했다. 편지 겉면에는 '할머니에게'라고 적혀 있었다. 비는 점점 거세졌고, 둘은 떨리는 손으로 편지를 가슴에 꼭 안고 집을 찾아갔다. 마침내 불이 켜진 작은 집 앞에 도착했다. 문을 두드리자 할머니가 나온 순간, 강아지가 할머니에게 달려갔다. 강아지는 할머니의 잃어버린 반려견이었던 것이다. 할머니는 편지와 강아지를 되찾은 기쁨에 아이를 집 안으로 초대했고, 따뜻한 차 한 잔을 건네었다.

⑤ 학급이 함께 만든 이야기
(④에 이어서) 할머니는 아이에게 강아지가 며칠 동안 사라져 얼마나 걱정했는지 이야기해 주었다. 그리고 다음 날, 마을 사람들은 잃어버린 강아지를 찾아 준 아이를 위해 작은 축제를 열었다. 아이에게는 '친절한 마음 상'이라는 작은 상장이 수여됐다. 아이와 강아지는 마을의 영웅이 되었고, 사람들은 비가 오면 그날을 떠올리며 서로에게 친절을 베풀기 시작했다. 비 내리던 외롭고 무서운 밤은, 이제 마을 사람들의 마음을 묶어 주는 따뜻한 밤이 되었다.

이전에 진행한 놀이 내용 일부를 가져왔습니다. '달빛 아래 우산을 든 아이' 그림 카드 1장에서 시작된 이야기가 학급 전체의 따스한 동화로 커졌습니다. 여기서는 생략되었지만, 각 이야기는 모두 다른 그림 카드를 바탕으로 지어졌습니다. 중요한 점은 많은 친구들의 이야기를 잇는다고 해서 분량이 심각

풍성한 놀이를 위한 플러스 α

- 모둠끼리 서로의 이야기를 읽고 '우리 모둠 이야기와 닮은 점 & 다른 점'을 찾아보는 활동을 추가합니다. 닮은 점을 통해 연결감과 소속감을 느끼고, 다른 점을 통해 다양성을 이해하며 서로의 생각을 확장하는 과정에서 공동체적 성찰이 깊어집니다.

- 이야기 전개가 막히거나 새로운 흐름이 필요할 때는 카드를 1장 더 추가해도 된다는 규칙을 제시합니다.

- 생성형 AI를 통해 해당 이야기와 잘 어울리는 삽화를 여러 장 요청한 뒤, 그 그림들을 모아 그림책으로 제작하면 공동 성취감과 차후 과제 몰입도를 크게 높일 수 있습니다.

하게 늘어나지 않는다는 점입니다. '내가 만든 이야기'가 꽤 길었지만 학급 전체 이야기에서는 '비 오는 밤거리를 우산 쓰고 가는 아이'라는 이미지만 남았습니다. 따라서 학생들의 모든 이야기를 연결할 때 분량이 너무 길어져서 이야기가 유기적으로 연결되지 않거나 학생들이 집중력을 잃을까 봐 걱정하지 않으셔도 됩니다.

유의사항

- 처음에 이야기를 만들기 어려워한다면 관찰하는 동안 떠오른 단어 3개를 적도록 하면 훨씬 수월하게 이야기를 만듭니다.
- 짝이나 모둠 단위 활동에서는 [발단-전개-절정-결말] 구조를 참고하도록 하면 이야기 연결이 원활해집니다.
- 완벽한 흐름의 이야기를 만드는 것보다, 서로 다른 생각을 받아들여 한 편의 이야기를 이어 가는 과정이 중요하다고 강조합니다. 따라서 황당하거나 어색한 설정도 존중하도록 안내합니다.
- 특정 학생의 아이디어가 계속 누락되지 않는지 관찰하며, 모두의 이야기가 한 번 이상은 전체 이야기 속에 반영되도록 합니다.

효과적인 수업 멘트

도입 오늘은 그림 카드를 보고 우리만의 이야기를 만들어 볼 거야. 처음에는 각자 이야기를 시작하지만, 곧 짝과 모둠으로 이어지고 마지막엔 우리 반 전체가 하나의 이야기를 만드는 거지. 중요한 건 이야기가 얼마나 완벽하냐가 아니야. 서로의 생각이 이어지고, 우리가 한마음으로 이야기를 만든다는 게 중요해.

마무리 오늘 만든 이야기 중에는 조금 엉뚱한 연결도 있었지만, 가장 중요한 건 이야기 안에 너희 모두의 생각이 들어 있다는 거야. 작은 아이디어 하나가 모여 우리 반의 큰 이야기가 된 것처럼, 앞으로도 우리는 함께할 때 더 큰 힘을 만들어 낼 수 있어. 오늘의 감각을 기억하자.

04
소외 없는 레고 쌓기

준비물 레고, 레고 전용 놀이판

놀이 정보
한눈에 보기

이 놀이는 제한된 조건 위에 공동체를 위한 공간을 함께 설계하는 협력 활동입니다. 단순히 레고 블록을 가지고 노는 쌓기 놀이처럼 보이지만, 공동체 가치를 담은 특별한 건설 주제를 제시하여 학생들이 진지하게 고민하고 설계하도록 합니다.

한 학생은 "제가 만든 작은 휴식 공간이 전체 공간에 반영돼서 뿌듯했어요."라고 했고, 또 다른 학생은 "함께 뛰는 운동장에 쓰인 아이디어가 다른 모둠에서도 비슷하게 나와서, 우리 반이 다 연결된 것 같았어요."라고 후기를 남겼습니다. 이처럼 다양한 의견을 조율하는 과정을 통해, 아이들이 공동체의 가치를 몸소 경험하고 협력과 양보, 소속감과 책임감을 동시에 배웁니다.

◆ 사회정서교육 포인트

아이들은 자신의 작은 기여가 개인의 성취를 넘어 공동체의 성취로 확장되는 과정을 경험합니다. 이를 통해 책임감과 소속감을 깊이 체득하고, 단순한 협력을 넘어 공동체가 어떻게 유지되고 성장하는지 원리를 알 수 있습니다. 또한 '모두를 위한 공간'이라는 주제를 숙고하면서 학교 안팎의 수많은 편의시설에 어떤 미흡한 점이 있는지, 이를 어떻게 보완하면 좋을지 등 사회적인 시야가 넓어집니다.

◆ 추천 놀이 타이밍

실과 교과의 '가정·환경' 단원과 연계하여 생활 공간을 공동으로 설계하고 유지하는 과정을 탐구할 때 효과적입니다. 국어 교과의 '토의·토론' 단원과 연계하면 공동의 결정을 내리고 실행하는 경험으로 확장할 수 있습니다. 또한 학기 초 학급 규칙이나 교실 환경을 함께 정리할 때 적용하면, 학생들이 학급이라는 작은 사회 안에서 공동체 가치의 인식과 관리 역량을 구체적으로 기르는 기회가 됩니다.

놀이 방법

1. 모둠별로 공간에 담을 공동체 관련 주제를 1개 고릅니다. 예시는 다음과 같습니다.
   - 책상, 독서 공간, 놀이 구역 등 반 친구 모두가 불편함 없이 쓰는 교실
   - 모두가 싸우지 않고 즐겁게 놀 수 있는 놀이터
   - 다양한 운동이 가능한 운동장
   - 재활용장, 나무, 꽃밭 등 자연을 생각하는 친환경 마을
   - 무대, 관람석에 불편함 없는 축제 공간

2. 모둠별로 어떤 주제로 공간을 만들지 회의합니다. 회의할 때는 주어진 레고판과 블록의 크기 및 양을 확인하여, 제한된 자원을 어떻게 나눌지 조율합니다.

3. 설계 아이디어가 정리되면 모둠원끼리 설계자, 조립자, 협상가, 발표자 등 역할을 나눕니다.

4. 제작 중 의견 충돌이 생기면 협상가의 주도하에 모둠 안에서 다시 회의하여 문제를 해결합니다.

5. 모둠별로 공간 조립을 완성하면 주제, 취지, 공간 소개를 중심으로 발표합니다. 이때 '갤러리 워크' 형식으로 서로의 결과물을 감상해도 좋습니다. 갤러리 워크란 여러 모둠의 결과물을 전시물처럼 배치하고 자유롭게 돌아다니며 피드백을 주고받는 활동입니다. 모둠별로 완성된 작품 앞에 '발표자'만 남고, 나머지 모둠원은 다른 모둠의 작품을 관람하러 이동합니다. 발표자는 자신의 모둠이 만든 작품에 대한 설명뿐만 아니라, 모둠 활동 과정에서 있었던 조율이나 갈등 해결 경험까지 친구들에게 설명합니다.

6 관람을 다녀온 학생들은 모둠별로 들은 이야기를 자기 모둠원과 나누며 '우리 작품과 닮은 점 & 다른 점'을 함께 정리합니다. 이렇게 하면 단순한 전시 감상에 그치지 않고, 서로의 공동체적 경험을 공유하고 비교하면서 더 깊은 성찰이 가능해집니다.

재활용 센터, 자연과 어우러진 친환경 마을

 다음 사진은 학생들이 직접 설계하고 조립한 친환경 마을입니다. 바닥에는 초록색의 작은 블록을 설치하여 풀밭을 표현했고, 삼각형 모양의 나무와 육각형 모양의 꽃도 표현했습니다. 자연으로 둘러싸인 한가운데 파란색 블록으로 재활용 센터를 만들어, 마을에서 배출되는 쓰레기가 친환경적으로 처리되는 시스템을 만들었습니다. 재활용 센터 위에는 작은 블록을 아무렇게 올려서 쓰레기도 표현했습니다. 뒤쪽으로는 블록을 차곡차곡 쌓아 여러 모양의 건물을 지었습니다.

> **풍성한 놀이를 위한 플러스 α**
>
> - 공동체 주제와 관련된 사진 자료를 제시하면 아이들의 상상과 계획이 더 구체적으로 발현됩니다.
> - 작품 발표 후에는 각 모둠의 결과물을 모아 "우리 반 공동 마을"처럼 하나의 큰 구조물로 연결해 봐도 좋습니다. 모둠별 결과가 전체 공동체로 확장되는 과정을 자연스럽게 경험할 수 있습니다.
> - 갤러리 워크 이후에 나눈 성찰을 토대로, 자기 모둠 작품을 수정·보완하도록 하면 작품의 완성도뿐 아니라 공동체 가치의 인식과 관리 역량도 더욱 자라납니다.

유의사항

- 제한된 자원과 공간을 공동으로 관리하고 분배하는 유의미한 경험이므로 다른 과정을 생략하더라도 조율 회의는 반드시 이루어져야 합니다.
- 의견 충돌이 생기면 "어떻게 하면 우리 모두에게 도움이 될까?" "어떤 선택이 반 전체를 위해 더 나을까?" 같은 질문을 통해 공동체적 관점에서 해결하도록 이끕니다.
- 발표자는 레고 조립 과정에서 드러난 '협력, 양보, 자원 분배의 순간'을 강조하여 각자의 선택이 공동체 전체에 어떤 영향을 주었는지를 느끼도록 합니다.

효과적인 수업 멘트

도입 오늘은 우리 반이 함께 살아가는 공간을 레고로 만들어 볼 거야. 레고판은 작고, 블록은 몇 개 없어서 누구의 의견만 반영할 수는 없고 우리가 하고 싶은 걸 하나로 모아야 해. 그래서 서로 양보해야만 하지. 단순히 레고 놀이하는 시간이 아니라 우리 반이 어떻게 살아갈지를 직접 실험하는 시간이야. '내 자리' 말고 '우리 자리'를 한번 생각해 보자.

마무리 오늘 너희가 만든 공간을 보니까 정말 멋졌어. 처음에는 각자 하고 싶은 게 달랐지만 대화하고 조율하면서 공간을 완성했고, 자원이 부족해 더 단순하게 만든 모둠도 있었지. 서로의 아이디어를 합쳐 아예 새로운 공간을 만들기도 했어. 그 과정에서 너희는 소외되는 친구 없이 함께 살아가는 질서를 만들어 낸 거야. 오늘 경험처럼 우리 반이 서로 배려하면서 더 좋은 공동체가 되면 좋겠어.

05
공감 릴레이 시 쓰기

준비물 활동지, 필기도구, 붙임쪽지

놀이 정보
한눈에 보기

이 놀이는 서로의 감정을 한 줄씩 이어 쓰며 하나의 공동 시를 만드는 협력 활동입니다. 아이들은 4명씩 모둠을 이루어 둘러앉고, 차례대로 활동지에 문장을 적습니다. 단순한 이어 쓰기 활동과 다르게, 아이들의 감정이 담긴 문장을 다루기 때문에, 공동체 역량의 토대가 되는 공감 능력을 동시에 키울 수 있습니다.

한 학생은 "친구들이 쓴 줄이랑 이어지니까 내 마음이 더 커진 것 같았어요."라고 소감을 나누었습니다. 이처럼 공감 릴레이 시 쓰기는 학생들은 작은 감정 표현이 서로를 이어주는 힘이 된다는 사실을 배우며, 협력과 존중, 소속감과 책임감을 자연스럽게 익히게 됩니다.

◆ 사회정서교육 포인트
앞 친구의 글에 자신의 생각을 더하는 과정에서 자연스럽게 공감과 배려를 배웁니다. 시화를 만들고 전시하는 시간은 공동체 안에서 서로의 감정을 존중하고 성취를 나누는 기회가 됩니다. 내가 쓴 한 줄이 공동의 작품 속에 살아 있다는 깨달음은 아이들에게 소속감과 책임감을 심어 주며, 공동체의 가치를 인식하고 관리하는 힘으로 이어집니다.

◆ 추천 놀이 타이밍
국어 교과의 '시 쓰기' 단원에서 활용하면 학습 목표와 자연스럽게 이어지고, 학생들의 글쓰기 경험을 협력과 감정 나눔의 경험으로 확장할 수 있습니다. 미술 교과와 연계하여 시화를 그리면 교과 통합 수업으로 발전시킬 수 있고, 작품 전시와 감상 과정에서 공동체적 성취감을 함께 느낄 수 있습니다. 또한 공개수업 시간에 적용하면, 보호자분들께 아이들의 협동심과 교실의 따뜻한 분위기를 보여 줄 수 있어 참관 만족도가 높아집니다.

놀이 방법

1. 4명씩 모둠을 이루고 활동지를 준비합니다.

2. 교사가 칠판에 제시한 주제 단어 중 하나를 모둠에서 골라 시 제목을 정합니다. 주제 단어는 주로 감정과 관련된 것으로 고마움, 기다림, 손잡기, 따뜻함, 희망 등을 정할 수 있습니다.

3. 모둠 내에서 시 쓸 순서를 정하고, 첫 번째 순서의 학생이 앞서 정한 제목과 시의 첫 줄을 작성합니다.

4. 용지를 오른쪽으로 넘기며 두 번째, 세 번째, 네 번째 학생이 차례대로 한 줄씩 이어 씁니다.

5. 종이가 다시 첫 번째 학생에게 돌아오면, 처음에 썼던 마음이 친구들의 문장으로 어떻게 이어졌는지 읽어 본 뒤 마지막 다섯 번째 줄을 적어 시를 완성합니다. 처음과 끝을 모두 쓰는 경험은 내가 시작한 한 줄이 친구들의 마음을 지나 공동의 시로 완성됐다는 소속감과 공동체 기여감을 느낄 수 있습니다.

6. 모둠 내에서 완성된 시를 한 번 읽고, 활동지 뒷면에 시화를 그립니다.

7. 모둠끼리 시를 교환해 감상하며 대화합니다.

8. 모든 시와 시화를 교실 벽에 전시하고, 학생들은 돌아다니며 붙임쪽지에 감상 댓글을 남깁니다.

> **제목: 고마움**
>
> 나는 오늘 친구들에게 생일 선물을 많이 받아서 고마웠다.
> 나는 오늘 친구들에게 도움을 많이 받아서 고마웠다.
> 나는 오늘 보건실에 날 데려다준 친구에게 고마웠다.
> 나는 친구가 정리를 도와줘서 고마웠다.
> 나는 오늘 친구가 웨일북을 가져다줘서 고마웠다.
> 나는 친구들이 놀아 줘서 고마웠다.
> 나는 오늘 노트 필기를 도와준 친구에게 고마웠다.
> 나는 저번에 문제 풀이를 도와준 친구에게 고마웠다.
> 나는 오늘 친구가 배려해 줘서 고마웠다.

한 모둠의 활동지를 보면 4명씩 2회를 돌고 첫 번째 순서로 글을 쓴 친구가 마지막 문장을 써서 총 9줄의 시가 탄생했습니다. 제목이 '고마움'인 만큼 친구들끼리 고마웠던 순간을 담았는데, 이를 통해 학생들이 사소한 도움도 잊지 않고 고마움을 느끼는 공동체로 거듭날 수 있겠다는 기대감도 불러일으킵니다.

유의사항

- 친구의 문장을 이어 쓸 때, 조롱하거나 무시하는 문제가 발생하지 않도록 친구의 문장을 공동체의 소중한 일부분으로 다루도록 안내합니다.
- 붙임쪽지 댓글은 따뜻한 감상과 격려의 언어를 사용하도록 하여, 교실이 안전하고 존중받는 공간임을 체감할 수 있게 합니다.
- 학생들이 머뭇거리거나 막혔을 때, "이 문장은 우리 반의 시에 어떤 색깔을

더해 줄까?"와 같은 질문을 던져, 좀 더 구체적인 요소로 감상을 이입시켜 공동체 인식을 확장하도록 합니다.
- 시화 활동에서는 결과의 완성도보다 서로 다른 표현이 모여 반 전체의 색깔을 만드는 경험에 초점을 맞춥니다.

풍성한 놀이를 위한 플러스 α

- 주제를 교사가 제시하는 대신, 학생들이 직접 10가지 정도 주제를 발표하고 그중 하나를 선택해 시를 쓰도록 하면, 아이들은 자신들의 관심과 감정이 반영된 글쓰기에 더 몰입할 수 있고 주제 선정 과정 자체가 공동체적 참여 경험이 된다.
- 한 해 동안 여러 차례 같은 활동을 진행하며 모인 작품을 엮어 '우리 반 공동 시집'으로 제작하면 아이들은 자신의 글이 공동체 안에서 유의미하다는 경험을 훨씬 오래 간직할 수 있습니다.
- 학급 단위로 확장하여 학급 전체가 롤링페이퍼 방식으로 시 한 편을 쓸 수 있습니다.
- 남학생과 여학생, 반려동물이 있는 집과 없는 집, 드라마를 좋아하는 사람과 영화를 좋아하는 사람 등으로 나누어 같은 주제로 시를 쓰고 서로의 결과물을 비교하면 성별이나 취향에 따른 감정 표현의 차이와 공통점을 발견하여 공동체에 대한 이해도가 높아집니다.

효과적인 수업 멘트

도입 오늘은 우리 반이 한 편의 시를 함께 완성할 거야. 다섯 줄의 시가 만들어지는데, 한 줄 한 줄이 친구의 마음을 이어 주는 다리가 될 거야. 내가 쓴 문장은 곧 우리 반 모두의 문장이 되고, 거기에 담긴 감정도 우리 모두의 감정으로 확장되지. 멋진 시를 쓰는 것보다, 우리가 함께 만들어 가는 경험 자체가 소중한 거니까 너무 걱정하지 말고 해 보자.

마무리 오늘 완성된 시들을 읽으면서 각자 쓴 한 줄이 모여 하나의 목소리가 되었다는 걸 느꼈어. 고마움, 기다림, 따뜻함 같은 단어들이 서로 이어지면서 우리 반 전체의 마음을 표현했지. 내가 쓴 문장이 우리 반의 시 속에 살아 있다는 걸 확인하는 순간, 우리는 이미 서로를 존중하고 이어 주는 공동체가 된 거야. 앞으로도 우리 반이 이런 마음으로 함께 만들어 가는 공동체가 되면 좋겠다.

활동지

감정을 잇는 한 줄, 공동체를 만드는 시
공감 릴레이 시 쓰기

이름: _____

시 제목을 쓰고 시의 첫 문장을 작성해 주세요!
제목 예시: 고마움, 함께, 배려, 다름, 기다림, 손잡기 등

제목:

짝과 감상 나누기
_____

시에 대한 감상이나 고마운 마음 댓글 쓰기(친구에게 댓글 받기 가능)
_____

06
마음 나눔 3칸 편지

준비물 필기도구, A4용지

놀이 정보
한눈에 보기

이 놀이는 나의 고민을 솔직하게 드러내고 친구의 고민에 공감하며 다짐과 응원으로 마무리하는 협력 활동입니다. 아이들은 A4 용지를 3칸으로 나누고, 안이 보이지 않도록 접은 뒤 겉면에 자신만 알아볼 수 있는 작은 기호나 숫자를 표시합니다. 교사가 편지를 모두 섞어 놓으면 학생들은 자기 편지 외의 다른 편지를 하나씩 가져가 펼쳐 봅니다. 편지 안에는 학교생활에서 힘들었던 점이 적혀 있는데, 그 아래 자신이 할 수 있는 조언이나 격려를 적어 교사에게 제출합니다. 마지막에 자기 편지를 돌려받으면, 친구가 써 준 조언이나 격려를 참고하여 마지막 칸에 자신만의 실천 다짐을 적습니다. 이처럼 마음 나눔 3칸 편지는 아이들이 공동체 안에서 서로를 지켜 주는 힘을 배우는 활동입니다.

◆ 사회정서교육 포인트
편지의 고민을 읽으면서 공감 능력이 길러지고, 자신의 글귀가 친구에게 미칠 영향을 생각하며 공동체 안에서 자신의 역할과 책임을 체감합니다. 이로써 공동체 인식 역량과 공동체 관리 역량이 강화됩니다.

◆ 추천 놀이 타이밍
월말에 학생들의 마음을 알아보고 싶을 때 특히 효과적입니다. 고민이 깊어지는 학년말에는 더 자주 실시하면 좋으며, 성적 평가 전 긴장되는 시기, 계절 변화로 집중력이 흐려지는 여름, 가을 시기에도 효과적입니다. 또한 학급 분위기가 조용해지고 교류가 뜸해질 때, 다시금 마음을 이어 주는 기회로 적합합니다.

놀이 방법

1 교사가 학창 시절 자신의 힘들었던 경험을 짧게 나누며 활동 분위기를 엽니다.

2 학생들은 A4 용지를 3칸으로 나누고 포개어 접은 뒤, 겉면에 자신만 알아볼 수 있는 기호나 숫자를 표시합니다.

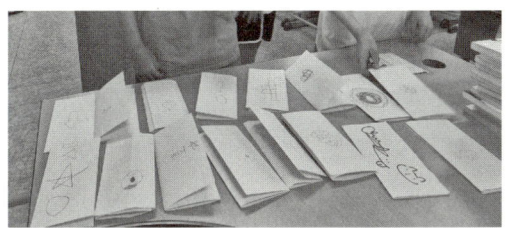

다양한 기호로 자기 편지를 표시한 모습

3 첫 번째 칸에 요즘 학교생활에서 힘들었던 점을 적습니다.

4 교사가 모든 편지를 취합해 섞은 뒤, 다시 학생들에게 무작위로 배부합니다.

5 받은 학생은 편지 주인의 고민을 읽고 짧은 공감이나 응원의 메시지를 두 번째 칸에 적습니다.

6 편지를 다시 접어 교사에게 제출합니다.

7 교사는 모든 편지를 취합해 교실 앞에 펼쳐 놓은 뒤, 원래 주인이 가져가도록 합니다.

8 편지 주인은 두 번째 칸에 적힌 친구의 응원 메시지를 읽고 세 번째 칸에 작은 실천 다짐을 적습니다.

9 마지막으로 짝과 편지를 서로 바꿔 읽으며, 각자의 다짐에 대해 짧은 응원의 한마디를 말로 직접 나눕니다.

· **고민**
요즘 모둠 정할 때 나를 안 부르는 것 같아서 속상했어. 괜히 내가 필요 없는 사람처럼 느껴졌어.

· **친구의 응원**
나는 네가 우리 모둠에 있으면 든든해. 조용하지만 열심히 하고 책임감 있는 걸 알아.

· **나의 실천 다짐**
친구들에게 내가 같이 하고 싶다고 먼저 말해 보기로 했어.

학생들의 개인적인 고민이 적혀 있어 일부 각색된 예시를 가져왔습니다. 이처럼 학생들의 개인적인 고민이 담기는 만큼, 각 편지는 주인만 알아보고 가져갈 수 있도록 철저한 보안이 필요합니다. 또한 학생들이 친구의 진지한 고민에 대해 장난식으로 조언하지 않도록 강조해야 합니다.

유의사항

- 편지를 무작위로 받을 때 자신의 것이 나오면 교사에게 말하여 다른 친구와 즉시 교체할 수 있도록 안내합니다.
- 친구의 고민을 읽을 때 평가하거나 가르치려는 태도가 아니라, 고민에 담긴 마음을 함께 느끼고 존중하는 태도를 강조합니다.
- 짧은 응원 메시지를 쓰는 데 어려워하는 학생이 있다면, 교사가 편지 주인

의 고민을 천천히 해설하여 어떤 격려가 필요할지 공감을 유도합니다.
- 실천 다짐은 작고 일상적인 행동 중심으로 안내하여 실제로 실천할 수 있도록 돕습니다.
- 활동이 끝난 뒤, 교사는 학생들의 다짐 중 실제로 실천하기 쉬운 내용이나 공동체에 기여하는 의미가 담긴 사례를 몇 가지 골라 함께 나눕니다. 특히 평소 자신감을 내기 어려웠던 학생의 작은 다짐도 소개하며 "이 다짐 하나가 우리 반을 더 따뜻하게 만든다."는 메시지를 전하면, 학생들은 공동체 속에서 서로의 변화를 응원하는 경험을 하게 됩니다.

풍성한 놀이를 위한 플러스 α

- 두 번째 칸을 고민 당사자가 직접 교실을 돌아다니며 친구들에게 응원과 격려의 메시지를 받으면 공동체적 경험이 더 넓은 범위에서 이루어집니다.
- 학생들이 쓴 실천 다짐을 모아 '우리 반 다짐 모음집'으로 묶으면, 시간이 지나도 서로의 다짐을 확인할 수 있고, 공동체 안에서 자신의 책임감을 지속적으로 느낄 수 있습니다.
- 학생들에게 편지를 버리지 않게 안내한 뒤 일정한 시간이 지나 다시 꺼내 읽도록 하면, 사소한 부분이라도 스스로 성장한 부분을 성찰하고 공동체 속에서 함께 발전했다는 자부심을 느낄 수 있습니다.
- 학생들이 작성한 공감이나 응원 문구 중 큰 감동이 된 표현을 뽑아 교실 한쪽에 '우리 반 응원 문장'으로 꾸미면, 일상의 작은 순간에도 서로에게 힘이 되는 교실 문화를 만들 수 있습니다.

효과적인 수업 멘트

도입 누구나 학교생활을 하다 보면 힘든 때가 있어. 그런데 그 마음을 혼자만 간직하지 않고 친구들과 함께 나누면 훨씬 든든해질 수 있지. 오늘은 너희의 이야기를 편지에 담아 친구와 주고받으면서, 우리 반이 서로를 지켜 주는 공동체라는 걸 느껴 보자.

마무리 오늘 너희가 쓴 글과 응원을 읽으며, 우리 반이 서로를 얼마나 아끼고 지켜 주고 있는지 알 수 있었어. 작은 고민도 함께 나누니 가벼워졌고, 다짐에 응원을 더하니 혼자가 아니라 '우리'라는 힘이 생겼지. 앞으로도 우리 반이 함께 세운 약속을 이어 가며, 서로에게 힘이 되는 공동체로 자라가길 기대해.

07

우리의 마음, 우리의 탑

준비물 카프라, A4용지

놀이 정보
한눈에 보기

이 놀이는 카프라 교구를 활용해 공동으로 설계하고 함께 쌓는 협동 건축 프로젝트입니다. 모둠별로 만들고 싶은 구조물을 스케치하고 구조물에 담을 의미를 정해, 구조물을 쌓는 동시에 서로를 향한 믿음과 소통의 중요성을 깨닫습니다. 또한 쌓는 동안 반드시 지켜야 할 규칙을 세워 갈등 발생 시 학생들끼리 스스로 중재할 수 있도록 갈등 관리 장치를 마련했습니다. 이처럼 카프라 놀이는 설계에서 완성까지 이어지는 전 과정을 통해 아이들이 공동체 안에서 서로의 의견을 존중하고 협력하는 힘을 배우는 활동입니다.

◆ 사회정서교육 포인트

학생들은 각자의 아이디어가 구조물 속에 담기는 경험을 통해 '나의 작은 생각이 공동체 전체를 지탱한다'는 사실을 배우며, 갈등을 예방하고 해결하는 약속을 함께 만들어 가면서 공동체가 유지되고 성장하기 위해 무엇이 필요한지를 몸소 체험합니다. 이를 통해 결과보다 과정을 중시하는 마음, 협력과 배려가 공동의 성취로 이어지는 힘을 자연스럽게 내면화합니다.

◆ 추천 놀이 타이밍

학기 초 학급 규칙을 세운 직후에 특히 효과적입니다. 또한 활동 시간이 많이 필요하기 때문에 하루를 온전히 투자할 수 있는 일정에서 운영하면 더욱 좋습니다. 수업 진도가 마무리되고 평가가 끝난 뒤 특별 활동으로 편성하면 학생들의 스트레스를 줄이는 데도 효과가 있습니다. 또한, 학기 후반부에 다시 공동체를 재정비해야 할 때 활용하면 큰 힘을 발휘합니다.

놀이 방법

1. 4인 1조로 모둠을 구성하고 카프라 블록과 활동 공간을 배정합니다. 보관함을 함께 판매하는 '카프라 고급형'으로 구매하면 좋습니다.

2. 모둠원끼리 만들고 싶은 구조물의 주제를 정하기 위해 협의합니다. 활용할 만한 주제로 다음과 같은 예시를 들 수 있습니다.
   - 화해의 다리: 갈등이 생겨도 서로 왕래하며 화해하는 모습을 표현.
   - 배려의 탑: 한 층씩 쌓아 올린 탑으로 서로 존중하며 얽히고설킨 마음을 표현.
   - 약속의 성벽: 우리를 지켜 주는 우리 반의 단단한 규칙을 표현.
   - 희망의 터널: 어려운 순간도 친구와 함께라면 출구로 나아갈 수 있음을 표현.
   - 연결의 광장: 모든 길이 연결된 광장으로 다양한 친구들이 한데 어우러지는 모습을 표현.

3. 모둠별로 나눠 받은 A4용지에 '완성된 구조물의 예상 스케치'와 '구조물에 담긴 의미' 그리고 '건설하는 동안 지킬 우리 모둠의 약속'을 기록합니다. 만약 학생들이 모둠 약속을 정하기 어려워한다면 다음 예시를 참고합니다.
   - 친구의 의견을 끝까지 듣고 말하기
   - 블록이 무너져도 친구를 탓하지 않고 다시 쌓기
   - 작은 아이디어도 존중하여 반영하기
   - 사진 촬영같이 힘든 역할은 번갈아 맡기
   - 블록을 한 층 쌓을 때마다 격려의 말 한마디 건네기

4. 모둠 약속을 통해 모둠원 각자의 역할을 정합니다. 예를 들어 설계자, 건설자, 촬영자, 공급자, 점검자처럼 학생들이 역할 이름도 직접 만들도록 안내하면 학생들이 공동체의 일원으로서 책임감과 기여감을 체감할 수 있습니다. 담당 역할은 상황에 따라 변경될 수 있으며, 모둠 안에서 번갈아 맡는 것도 가능합니다.

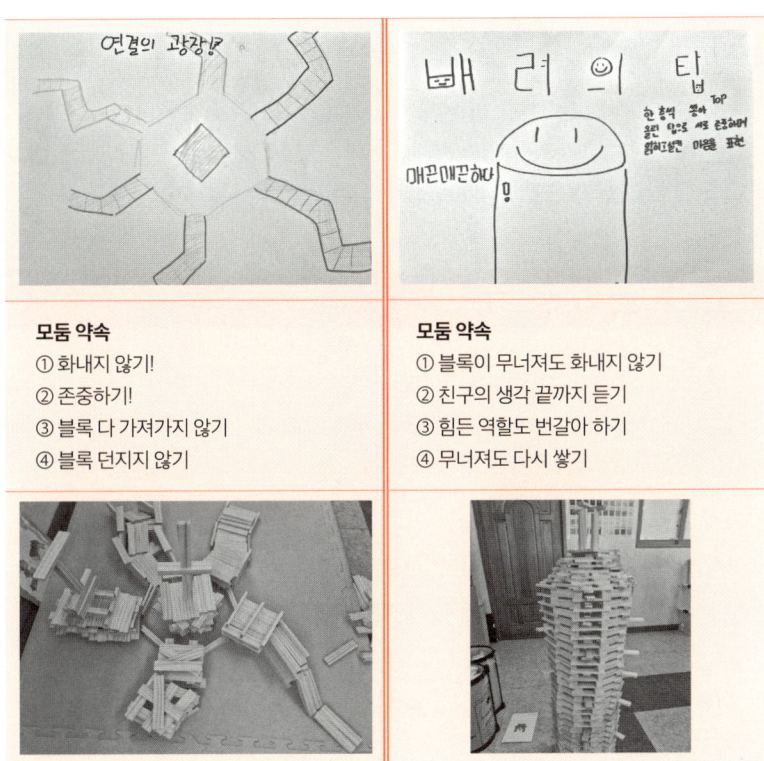

학생들이 직접 계획하며 설계한 활동지 예시

5 모둠원끼리 사전 협의가 끝나면 설계도를 바탕으로 블록을 쌓기 시작합니다.

6 실제로 쌓는 과정에서 다시 의견 충돌이 생길 수 있으므로 지속적으로 의견을 나누고 조율합니다.

7 촬영자는 제작 과정을 최소 10장 이상 촬영합니다.

8 구조물이 완성되면 촬영한 사진을 활용하여 발표할 내용을 정리합니다. 발표 내용은 우리 모둠 구조물에 담긴 의미(주제)와 제작 과정을 중심으로

담으면 됩니다.

9 모둠원 전원이 발표자로 참여해 각자 맡은 부분을 소개합니다.

10 다른 모둠의 발표를 듣고 서로 칭찬과 피드백을 나눕니다.

> **풍성한 놀이를 위한 플러스 α**
>
> - 구조물을 완성한 뒤 서로의 작품을 감상하고 자기 모둠 구조물과 다른 점, 배우고 싶은 점을 하나씩 꼽습니다. 이후 논의한 내용을 반영해 구조물 일부를 수정·보완하도록 하면 공동체 단위에서 성찰하는 능력과 협동심이 더 깊어집니다.
> - 학급 전체 공동 작업으로 확장해 하나의 거대한 구조물을 만들 수 있습니다. 모둠별로 만든 구조물을 연결하거나, 모두가 한 공간에서 역할을 나누어 하나의 '학급 구조물'을 완성하면 공동체 소속감이 크게 강화됩니다.
> - 개인 활동으로 시작해서 모둠 활동으로 확장할 수 있습니다. 먼저 개인별로 작은 구조물을 만든 뒤, 모둠 단위로 확장하면 협력 과정이 왜 필요한지 자연스럽게 생각할 수 있다. '혼자 만든 것과 함께 만든 것 중 어떤 게 더 의미 있었는가?'를 비교하며 나누는 토론은 공동체에 대한 깊이 있는 성찰을 유도합니다.

유의사항

- 활동 전 협력의 의미와 공동체 약속의 필요성을 충분히 강조하며, 정교한 구조물을 완성하는 것보다 중요한 것은 함께 블록을 쌓는 우리의 관계와 태도임을 짚어 줍니다.
- 모둠 약속이 단순한 제약이 아니라, 우리 공동체를 어떻게 유지하고 성장시킬지에 대한 합의라는 점을 안내합니다.

- 발표 시간에는 반드시 모든 모둠원이 발표하도록 하여, 공동체 안에서 각자의 역할과 기여가 존중받는다는 점을 느끼도록 합니다.

효과적인 수업 멘트

도입 오늘 우리는 카프라 블록으로 탑이나 다리 같은 구조물을 만들 거야. 우리가 오늘 구조물에 담아야 하는 건 정교한 기술이 아니라 블록을 쌓는 동안 친구들과 나눌 우리의 마음과 약속이야. 설계도는 우리가 함께 세운 생각이고, 차곡차곡 쌓인 블록은 서로의 배려와 협력이지. 그래서 누가 더 멋지게 만들었는지가 아니라, 누가 더 공동체를 생각하며 만들었는지가 중요해. 실수해도 괜찮고, 무너져도 괜찮아. 얼마든지 함께 다시 세울 수 있으니까.

마무리 여러분이 만든 구조물을 보면서 선생님은 단순한 작품이 아니라 여러분이 서로를 존중하며 세운 공동체의 모습을 본 것 같았어. 블록 하나하나에는 협력, 배려, 책임, 그리고 우리가 함께 지킨 약속이 담겼어. 그래서 구조물은 언젠가 무너지더라도, 우리가 쌓아 올린 공동체의 가치와 마음은 쉽게 무너지지 않는 거지. 우리는 서로를 지탱하며 자라는, 하나의 든든한 공동체야.

08
응원 폭발 보드게임

준비물 A4용지, 필기도구, 또래활동 보드게임(학토재)

놀이 정보
한눈에 보기

이 놀이는 학토재 '또래활동 보드게임' 교구를 활용합니다. 교구를 그대로 사용하는 것이 아니라 사회정서교육의 핵심 역량을 반영해 [규칙 → 언어 → 성찰] 구조를 전면적으로 재구성한 확장형 활동입니다. 모둠이 직접 격려 표현을 만들고, [나의 선택] 칸에서는 친구의 마음을 읽는 규칙으로 바꾸었으며, [도전 칸]은 개인 실패를 모둠 전체의 기회로 재해석했습니다. 특히 실패 후 다른 친구들이 차례로 도전하는 과정에서 학생들은 서로를 돕고 응원하며, 공동체 안에서 함께 성장하는 의미를 배웁니다. 또한 활동 뒤에는 [개인 기록 → 모둠 대화 → 학급 공유]의 성찰 루틴을 거치며 정서 언어 학습, 관계 이해, 공동체 가치 확립까지 이어지도록 구성했습니다.

◆ 사회정서교육 포인트
질문과 대화를 통해 타인을 깊이 이해하고, 이것을 타인에 대한 존중과 격려로 잇는 공동체 가치의 인식과 관리 역량을 강화합니다. 특히 사소한 질문 하나가 반 전체의 대화로 확장되는 경험을 통해 개인이 공동체에서 힘을 얻는 이유, 개인들이 모여 공동체를 지탱하는 원리를 배웁니다.

◆ 추천 놀이 타이밍
창의적 체험활동 시간에 활용하면 좋습니다. 만약 학교에 보드게임 동아리가 있다면 동아리 활동 시간에 정기적으로 시행해도 좋습니다. 또한 2학기가 시작할 때 오랜만에 만난 친구들과 다시 친해지는 계기를 만들 때 좋으며, 학급 전체가 자리 바꾸는 날에도 새로 만난 모둠원과 어색함을 푸는 데 효과적입니다. 새로 마주하는 친구와 친밀함을 쌓는 데 효과적이므로, 전학생이 오는 특별한 이벤트에도 활용할 수 있습니다. 마지막으로 학급 내 다툼이 잦아지거나 학급 규칙이 흐려질 때 공동체성을 회복하는 데도 도움이 됩니다.

놀이 방법

1. 교사가 게임판, 말, 주사위를 준비해 모둠별로 배부합니다.

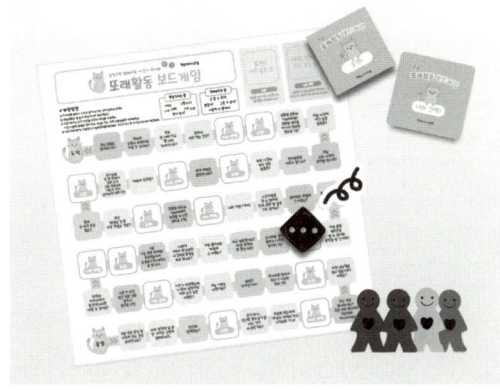

또래활동 보드게임 구성품(출처: 학토재 행복가게)

2. 학생들은 차례대로 주사위를 던지고, 나온 수만큼 말을 이동합니다.

3. 말을 움직인 학생은 말이 도착한 칸에 적힌 질문을 소리 내어 읽고, 답변에 해당하는 자신의 경험이나 생각을 솔직하게 말합니다.

4. 다른 모둠원은 친구의 답변을 들으며 공감과 응원의 메시지를 덧붙입니다. 이때 '격려 문장'은 학생들 스스로 만들어 사용하도록 했습니다. 학생들이 직접 긍정적 언어를 생산하고 반복적으로 사용하면서 '우리 교실만의 정서 언어 문화'를 구축하는 경험을 할 수 있습니다.

5. 게임 중간에 [도전 칸]에 도착하면, '도전 카드'를 뽑아 제시된 과제를 수행합니다. 도전에 성공하면 그대로 머무르고, 실패하면 나머지 모둠원들이 차례로 같은 과제에 도전합니다. 그중 가장 먼저 성공한 학생이 1칸 전진

할 수 있습니다. 실패했을 때 모둠원들은 모두 "넌 할 수 있어!" "괜찮아!" 와 같은 응원의 말을 전합니다. 이를 통해 학생들은 실패를 배움의 기회로 받아들이며, 친구의 실패를 함께 짊어지는 협력적 책임감을 경험합니다.

6. [나의 선택] 칸에 도착하면, 모둠원 모두가 선택 문제를 확인합니다. 선택 문제는 2가지 선택지 중 하나를 선택하도록 구성되어 있습니다. 모둠원은 '하나, 둘, 셋!' 구호에 맞춰 동시에 각자 자신의 선택을 하나 외칩니다. 만약 [나의 선택] 칸에 도착한 게임말 주인과 다른 모둠원의 선택이 일치하면, 게임말 주인은 그 모둠원의 수만큼 전진하며, 같은 선택을 한 다른 모둠원도 1칸씩 전진합니다. 이는 학생들이 타인의 내면을 예측하고 공감하는 능력을 기르며, '함께 마음이 맞을수록 더 멀리 나아간다.'는 공동체적 성장을 체험하도록 설계된 단계입니다.

7. 마지막 칸에 누군가 먼저 도착하면 게임이 종료됩니다.

8. 놀이 후에는 반드시 성찰 과정을 마련합니다. 성찰은 3단계로 진행됩니다. [기록 → 대화 → 공유]의 순환은 놀이에서 얻은 경험을 언어로 재구성하고 공동체 가치로 확장하는 사회정서교육 루틴을 완성합니다.
   - 1단계: 개인 성찰. "가장 기뻤던 순간" "가장 힘이 된 친구의 말"을 간단히 기록합니다.
   - 2단계: 모둠 성찰. 개인 성찰 기록을 교환하며 "우리가 협력했던 순간" "우리를 친밀하게 만들어 준 규칙"에 대해 이야기 나눕니다.
   - 3단계: 학급 성찰. 각 모둠에서 인상 깊었던 장면이나 언어를 발표합니다.
   - 추가 활동: 1~3단계에서 이야기 나눈 말 중에 가장 기억에 남는 말을 투표하여 1~3위를 '우리 반의 따뜻한 말 모음집'에 기록합니다.

> **풍성한 놀이를 위한 플러스 α**
>
> - [나의 선택] 문제를 모둠 단위로 확장할 수 있습니다. [나의 선택] 칸에 도착한 게임 말 주인이 주도하여 2가지 선택지 중 어느 쪽이 좋은지 모둠원을 대상으로 설문조사를 실시합니다. 동률이면 모두 1칸씩 전진하고, 한쪽이 득표가 더 많다면, 다수인 쪽이 1칸 전진합니다.
> - 보드판 위에 이미 적혀 있는 '맞장구치는 말'이나 '격려해 주는 말' 외에도 모둠이 직접 새로운 표현을 만들어 추가하게 하면 더 좋습니다. 예를 들어 "네 마음 이해돼!", "같이 해 보자!" "네 생각 멋지다!"와 같은 말을 모둠에서 새롭게 정해 쓰게 되면 우리 반만의 언어 문화가 만들어지고, 교실 안에서 서로를 지지하는 분위기가 더욱 풍성해집니다. 학생들이 직접 만든 따뜻한 표현이 실제 놀이 속에서 오가며 공동체적 유대가 자라는 장면을 볼 수 있습니다.

유의사항

- 놀이를 시작하기 전에 이 활동 과정이 우리 반의 공동체 가치를 배우는 시간임을 분명히 안내한다.
- 규칙 설명뿐만 아니라 "왜 이 규칙이 공동체를 위해 필요한가?"라는 의미를 짚어 주어 학생들이 단순히 지키는 차원을 넘어 그 가치를 인식하도록 이끕니다.
- 대답을 가볍게 웃음거리로 만들지 않도록 지도하며, 모든 의견이 소중한 공동체의 자산임을 강조합니다.
- 도전 칸이나 나의 선택 칸에서 경쟁 요소가 단순한 승패로만 흐르지 않도록 하고, 실패를 모둠 전체가 함께 기회로 전환하도록 안내합니다.
- 모둠 안에서 특정 학생만 주도하거나 소극적인 학생이 뒤로 물러나지 않

도록 교사가 순회 지도합니다.
- 놀이가 끝난 뒤에는 게임 결과보다 과정에서 드러난 공동체적 장면을 함께 돌아보도록 합니다.
- "우리가 서로 격려했던 순간은 언제였지?" "도전에서 실패했을 때 우리가 어떻게 힘을 모았지?"와 같은 질문을 통해 활동의 의미를 더욱 깊게 성찰하게 합니다.

효과적인 수업 멘트

도입 오늘은 단순한 보드게임이 아니야. 이 게임은 우리가 함께 어울리며 서로를 이해하고 지켜 주는 방법을 배우는 시간이지. 여기서 중요한 건 누가 먼저 도착하느냐가 아니야. 누가 친구의 마음을 더 잘 들어 주고, 서로의 다짐을 응원하며, 실패했을 때 함께 다시 일어설 수 있는 힘을 나누느냐가 진짜 승리야. 우리 반이 하나의 공동체라는 걸 게임 속에서 느껴 보자.

마무리 오늘 게임을 하면서 단순히 주사위를 던지고 말을 옮긴 것 같지만, 그 안에는 큰 배움이 있었어. 서로의 이야기에 귀 기울이고, 실패했을 때 함께 격려하며, 친구의 마음을 맞히려 애쓰던 순간이 바로 공동체의 모습이었지. 앞으로도 우리 반은 이렇게 서로를 지켜주고, 함께 힘을 모아 갈 수 있는 공동체야. 오늘의 경험이 우리 교실을 더 따뜻하고 단단하게 만들어 줄 거라 믿어.

09
밀고 당기는 한마음 글자 쓰기

준비물 A4용지, 보드마카, 팀빌딩 투게더 글자 쓰기(학토재)

놀이 정보
한눈에 보기

이 놀이는 '팀빌딩 투게더 글자 쓰기' 교구를 활용합니다. 펜 홀더에 연결된 줄을 모둠원이 하나씩 잡고 미세한 힘의 균형을 맞춰 글자를 쓰는 협력 활동입니다. 간단한 활동으로 보이지만, 학생들이 놀이를 직접 설계하고 운영하며 공동체를 강화하는 SEL 확장형 활동으로 발전

출처: 학토재 행복가게

할 수 있습니다. 해당 교구를 기본으로 사용하되, ① 물병이나 블록 등을 얹어 균형을 유지하는 '협력 균형 잡기' 놀이, ② 말없이 줄의 움직임만으로 완성하는 '침묵 협력' 규칙, ③ 글자 대신 친구나 교사의 얼굴, 우리 반 별명이나 규칙을 그려 의미 있는 '우리 반 상징물' 만들기를 시도할 수 있습니다. 또한 교구를 활용하여 어떤 활동을 할지 회의에서 학생들이 직접 제안하고 선택하도록 하여 설계 단계부터 놀이 주도권을 학생에게 주었습니다.

◆ **사회정서교육 포인트**

학생들은 함께 힘모아 글자를 쓰면서 공동체 안에서 각자의 역할이 얼마나 중요한지 체감하게 됩니다. 누군가의 작은 움직임이 전체에 영향을 주는 경험은, 공동체 가치의 인식과 관리 역량을 기르는 데 핵심적인 학습이 됩니다. 또한 재도전을 격려하는 과정은 공동체의 긍정적 언어 문화를 강화합니다.

◆ **추천 놀이 타이밍**

도덕 교과 수업의 도입 활동으로 특히 적합합니다. 예를 들어, 수업 시간에 다루는 '존중', '책임', '협력'과 같은 개념을 모둠별로 글씨로 써 보며 시작하면, 추상적인 덕목을 몸으로 체험하고 자연스럽게 개념 학습으로 연결할 수 있습니다. 또한 학급 규칙을 정한 뒤, 우리 반이 가장 중요하게 생각하는 미덕이나 규칙을 써 봐도 효과적입니다.

놀이 방법

1. 팀빌딩 투게더 글자 쓰기 도구, 보드마카, A4용지를 모둠별로 배부합니다.

2. 모둠별로 모여, 모둠이 함께 쓰고 싶은 단어를 먼저 정합니다. 이때 '존중, 협력, 배려, 화합' 등 사회정서교육 및 공동체 가치와 관련된 단어를 선정하도록 안내합니다.

3. 학생들은 모둠별로 원을 이루어 앉고 각자 줄을 하나씩 잡습니다. 가운데에는 보드마카가 수직으로 끼워져 있습니다.

4. 교사가 제시하거나 모둠이 직접 고른 단어를, 함께 줄을 당기며 글자로 완성합니다.

5. 저마다 줄을 당기는 힘이 달라 글자가 삐뚤어지는데, 이때 활발한 의사소통을 통해 힘을 조율합니다.

6. 단어를 완성하면 결과물을 확인하고, 글자 쓰는 과정에서 어떻게 협력했는지를 되돌아봅니다.

7. 완성된 단어는 교실 앞에 게시하고, 각 모둠이 서로의 작품을 감상합니다.

8. 감상 후, 자기 모둠이 쓴 단어에 어떤 의미가 담겼는지, 우리 반에서 해당 가치를 실천하려면 어떻게 하면 좋을지를 주제로 모둠끼리 대화하고 학급 전체와 공유하며 활동을 마무리합니다.

풍성한 놀이를 위한 플러스 α

- 팀빌딩 글자 쓰기 도구 위에 보드마카 대신 물병, 블록, 구슬 등을 얹어 쓰러뜨리지 않고 이동하는 활동으로 변형할 수 있다. 학생들은 협력, 호흡, 균형 조절을 몸으로 느끼며 공동체의 조화와 상호 의존의 가치를 체험합니다.
- 일부 라운드에서 말없이 줄의 미세한 당김만을 감지하여 글자를 완성합니다. 학생들은 비언어적 소통과 신뢰 형성을 경험합니다.
- 글자 대신 모둠원, 교사의 얼굴을 그리거나, 우리 반 별명, 규칙을 적을 수 있습니다. 특히 '규칙'을 함께 적는 활동은 학생들이 공동체의 일원으로서 직접 '우리의 약속'을 내면화하며 소속감을 형성한다는 특징이 있습니다.
- 어떤 변형 활동을 할지 모둠별 회의를 통해 학생들의 아이디어를 받으면 매번 색다른 경험을 줄 수 있습니다. 학생들이 직접 놀이 확장을 제안하고 선택하는 민주적 과정 자체가 학급을 하나로 묶는 경험이 되고, 공동체 가치의 인식과 관리 역량을 기르는 데 큰 힘이 됩니다.

유의사항

- 단순한 글자 쓰기 놀이가 아니라 우리 반만의 특별한 의미를 만들어 가는 과정임을 강조합니다.
- 글씨가 삐뚤어지거나 예상과 다르게 나와도, '우리가 함께 걸어간 흔적'으로 받아들이도록 안내합니다.
- 특정 학생이 놀이를 주도하지 않도록 교사의 순회 지도가 필요합니다.
- 학생들이 의견 충돌을 겪을 때는 잠시 놀이를 멈추고 대화를 통해 공동체의 조율을 경험하도록 돕습니다.

효과적인 수업 멘트

도입 오늘은 우리가 힘을 모아 글자를 써 보려고 해. 혼자서는 절대 쓸 수 없고, 다 같이 줄을 잡아야만 글씨가 완성되지. 이 활동은 글자를 잘 쓰는 게 목적이 아니야. 우리가 서로의 힘을 조율하면서 '우리 반이 어떤 공동체인지'를 느껴보는 거야. 삐뚤빼뚤해도 괜찮아, 그건 우리 반이 함께 남긴 특별한 흔적이니까.

마무리 오늘 우리가 함께 쓴 글자는 단순한 글씨가 아니야. 그 안에는 우리가 서로의 힘을 나누고, 마음을 모으고, 실수를 함께 감싸 준 과정이 담겨 있어. 그래서 이 글씨는 우리 반 공동체의 상징이야. 앞으로도 우리 반은 이렇게 서로를 지켜 주고 함께 의미를 만들어 가는 공동체라는 걸 꼭 기억하자.

10
어제보다 돈독한 우리의 피라미드

준비물 팀빌딩 투게더 협력 밴드(학토재), 스포츠스태킹 컵

놀이 정보 한눈에 보기

이 놀이는 '팀빌딩 투게더 협력 밴드'를 활용합니다. 기존의 팀 경쟁 중심 활용법에서 한 단계 나아가 서로 조율하며 하나의 목표를 완성하는 협력 활동입니다. 학생들은 줄을 사방으로 당겨 힘의 균형을 맞추며 컵을 쌓습니다. 누군가 줄을 세게 당기거나 느슨하게 풀면 균형이 흔들리며, 자신의 작은 행동이 전체에 영향을 준다는 사실을 자연스럽게 깨닫습니다.

활동은 [연습 → 전략 → 실전 → 피드백]의 순서로 이어지며 연습과 전략 회의를 통해 활발히 소통하며 피라미드를 쌓는 가장 적합한 방법을 찾습니다. 모둠마다 피라미드 완성 속도는 다르지만 모든 모둠이 끝까지 포기하지 않고 협력합니다.

◆ **사회정서교육 포인트**

서로 연결되어 있음을 몸으로 체험하며 함께하는 기쁨을 배우는 활동입니다. 자신의 작은 움직임이 전체 결과에 영향을 미치는 것을 보며, 자신도 공동체 안에서 도움을 주고받는 존재라는 사실을 자연스럽게 깨닫습니다. 실수하더라도 격려와 지지의 힘으로 바뀌며, 경쟁보다 협력을 중시할 때 더 큰 성취와 기쁨이 온다는 경험을 합니다.

◆ **추천 놀이 타이밍**

체육 교과 수업에서 신체 협동 활동으로 활용하기 좋습니다. 또 체육대회나 과학의 날 같은 행사에 '힘과 균형'을 주제로 진행하면 의미도 있고 연계 효과도 커집니다. 리더십 캠프에서도 효과적인데, 리더 혼자가 아닌 모두가 힘을 합쳐야 목표 달성이 가능하다는 점을 경험하면서 협력과 공동체 속에서 빛나는 진정한 리더십에 대해 배울 수 있습니다.

놀이 방법

1 교사가 팀빌딩 투게더 협력밴드와 스포츠스태킹 컵을 모둠별로 준비해 나누어 줍니다.

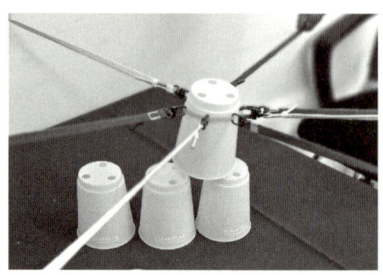 

협력밴드 교구에 포함된 스포츠스태킹 컵(출처: 학토재 행복가게). 추가로 필요하면 시중의 스포츠스태킹 컵을 구매할 수 있습니다.

2 학생들은 모둠별로 원을 이루어 서고, 각자 줄을 하나씩 잡은 뒤 컵을 들어 올리며 힘 조절 연습을 합니다. 모둠 인원에 따라 사용하는 줄의 개수는 달라질 수 있습니다.

3 연습 과정에서 "줄을 조금만 더 당겨봐." "지금은 힘을 빼자."와 같은 말을 주고받으며 자연스럽게 전략 회의를 합니다.

4 모든 모둠이 동시에 컵으로 피라미드 쌓기에 도전합니다.

5 가장 먼저 피라미드를 완성한 모둠은 다른 모둠을 응원하고, 마지막 모둠까지 도전을 마치도록 서로의 쌓기 과정을 존중합니다.

6 활동이 끝나면 1등 모둠은 6등 모둠과, 2등은 5등과, 3등은 4등 모둠과 짝을 지어 서로의 전략을 공유합니다. 모둠 수에 따라 짝지어지는 모둠 순서는 달라질 수 있으며, 홀수 모둠인 경우 3개 모둠이 한데 모여 전략을 공유

할 수 있습니다.

7 빠른 모둠은 자신들의 방법을 설명하며 성찰하고, 늦은 모둠은 배운 점을 이야기하며 개선 방향을 찾습니다. 이 과정을 통해 빨리 완성하는 경쟁이 아니라 공동체적 성찰과 상호 배움의 의미를 되새깁니다.

풍성한 놀이를 위한 플러스 α

- 활동에 익숙해지면 기록 갱신 방식으로 확장합니다. 3장 「협동 공기놀이」처럼 모둠별로 제한된 시간(예: 10분)에 피라미드를 몇 번 완성했는지 점수를 매깁니다. 1회 완성하면 1점, 모둠의 이전 완성 기록을 경신하면 2점을 줍니다. 이로써 서로의 성장을 눈으로 함께 경험하며 공동 성장 단계로 나아갈 수 있습니다.
- 마지막에 '복귀' 과정까지 추가할 수 있습니다. 피라미드를 완성한 뒤 처음 상태 그대로 스포츠스태킹 컵을 하나씩 해체해 포개면, 처음부터 끝까지 집중과 협력을 유지하는 능력이 키워집니다.
- 우리 반 전체 단위로 확장해 초대형 피라미드 쌓기에 도전할 수 있습니다. 모든 모둠이 한 가지 구조물을 만들어 교실 앞에 '우리 반의 한 마음'을 상징하는 큰 상징물을 완성합니다. 이로써 공동체 속에서 개인의 역할과 공동체의 연결감을 동시에 인식합니다.

유의사항

- 학생들이 서두르거나 조급해하면 잠시 멈춰서 진정하도록 안내합니다.
- 학생들은 자연스럽게 빨리 쌓는 모둠과 늦게 쌓는 모둠을 비교하게 되므로, 빠르게 끝내는 것보다 서로의 전략을 공유하는 과정을 통해 공동체가 전체적으로 성장하는 것이 중요하다는 점을 강조합니다.

- 활동 도중 특정 학생이 주도하지 않도록 교사의 순회 지도가 필요합니다.
- 활동이 끝난 뒤에는 "우리가 컵을 쌓은 과정이 우리 공동체와 어떤 점에서 닮아 있었는가?"라는 질문을 던져 공동체 가치의 인식과 관리 역량으로 연결한다.

효과적인 수업 멘트

도입 오늘은 우리가 힘을 모아 컵 피라미드를 쌓아 볼 거야. 이건 단순한 컵 쌓기 놀이가 아니야. 나의 작은 움직임이 모둠 전체에 어떤 영향을 주는지 직접 느껴 보는 활동이야. 컵을 떨어뜨리거나 피라미드가 넘어져도 괜찮아, 중요한 건 우리가 함께 피라미드를 만든다는 거야.

마무리 오늘 컵을 쌓으면서 내가 당기는 줄 하나가 모둠 전체를 흔드는 것도 봤고, 또 친구의 작은 조언이 우리를 성공으로 이끄는 것도 봤어. 공동체는 바로 이렇게 서로 영향을 주고받는 관계야. 내 작은 말과 행동이 친구에게 힘이 되기도 하고 어려움이 되기도 하지. 우리 모두 오늘처럼 서로 존중하고, 지켜 주는 공동체를 만들어 가자. 그게 바로 우리가 지켜야 할 우리 반의 모습이야.

자기 이해부터 공동체 의식까지
놀이로 시작하는 사회정서교육

1판 1쇄 발행 2025년 12월 19일

지은이	황낙원
펴낸이	한기호
책임편집	송원빈
편집	서정원, 박예슬, 이선진
본부장	여문주
마케팅	윤병일, 신세빈
경영지원	김윤아
디자인	북디자인 경놈
인쇄	예림인쇄
펴낸곳	(주)학교도서관저널
	출판등록 제2009-000231호(2009년 10월 15일)
	주소 04029 서울시 마포구 동교로 12안길 14(서교동) 삼성빌딩 A동 3층
	전화 02-322-9677
	팩스 02-6918-0818
	전자우편 slj9677@gmail.com
	홈페이지 slj.co.kr

ISBN 978-89-6915-196-4 03370
ⓒ 황낙원 2025

· 이 책은 저작권법에 따라 보호를 받는 저작물이므로 무단 전재와 무단 복제를 금합니다.
· 책값은 뒤표지에 있습니다.